体育运动与身心健康

郑 星 张志义 姜 睿◎主编

中国商业出版社

图书在版编目（CIP）数据
体育运动与身心健康 / 郑星, 张志义, 姜睿主编.
北京 : 中国商业出版社, 2025. 4. -- ISBN 978-7-5208-3367-7
Ⅰ. G807.4；G647.9
中国国家版本馆CIP数据核字第202537F5H4号

责任编辑：郑　静
策划编辑：武维胜

中国商业出版社出版发行
（www.zgsycb.com　100053　北京广安门内报国寺 1 号）
总编室：010-63180647　编辑室：010-83128926
发行部：010-83120835/8286
新华书店经销
武汉市卓源印务有限公司印刷
*
710 毫米 ×1000 毫米　16 开　7.5 印张　110 千字
2025 年 4 月第 1 版　2025 年 4 月第 1 次印刷
定价：68.00 元
****
（如有印装质量问题可更换）

前言

体育运动作为人类文明的重要组成部分，自古以来就与健康、教育和娱乐紧密相连。随着科学的进步和社会的发展，体育运动已从单纯的身体活动转变为一种综合性的社会实践。它不仅关乎个体的身体健康，还是精神文化生活的一部分。体育运动既是人们以发展身体、增进健康、增强体质、娱乐身心为目的的一项身体活动，也是促进青少年学生身体发育、提高机体工作能力、提高身体素质、消除疲劳、调节情感的重要手段。

青少年学生的身心健康是其成功学习和成长的基石，体育运动则是促进身心健康发展的“良药”，体育运动不仅能培养学生的终身体育意识，增强学生体质，丰富课余生活，缓解学生学习压力，而且对学生身心健康有积极的促进作用。此外，学生作为参与学校体育运动的主体，在运动过程中能够接触形形色色的人与事，有利于锻炼自身人际交往能力，有助于形成正确的人生观、价值观、社会观及世界观，这对学生适应未来社会发展、提升自身生活质量以及增强社会实践能力具有十分重要的意义。

体育运动意义重大，正如梁启超所言：“少年智则国智，少年富则国富；少年强则国强，少年独立则国独立。”这充分说明了青少年学生身体素质对于国家发展的重要影响。因此，教育行政部门和学校应采取有效的措施，调动学生进行体育运动和锻炼的积极性，强化学生的身体素质和心理素质。

本书介绍了体育运动的基础知识，阐释了体育运动训练的原理及如何管理，分析了体育教学中不同运动项目的训练方法。此外，本书还从体育锻炼的科学分析、行为理论、原则、方法与计划等角度介绍了科学体育运动的理论，并通过理论与实践相结合，阐述了身体素质训练的基本方法，包括力量素质训练、速度素质训练、耐力素质训练、柔韧素质训练等。本书理论结合实际，阐明了体育运动对于身心健康的重要性，旨在引导更多人积极参与体育锻炼，以保证身心健康。

目 录

第一章　体育运动概论

第一节　体育

一、体育的概念

体育的概念有狭义和广义的区分。狭义的体育即身体教育，是通过身体活动，增强体质，传授锻炼身体的知识、技能、技术，培养道德和意志品质的教育过程。它是教育的组成部分，是实现人的全面发展的一个重要方面。学校体育属于此范畴。

广义的体育即社会文化活动，也称为体育运动，是指以身体练习为基本手段，以增强体质，促进人的全面发展，丰富社会文化生活和促进精神文明建设为目的的一种有意识、有组织的社会活动。它是社会总文化的一部分，其发展受一定的社会政治和经济的制约，也为一定的社会政治和经济服务。体育文化是根据人生理、心理发展规律，以专门性的身体活动为基本手段，增强体质，发展人体运动能力，提高人们生活质量的一种有目的、有价值的社会文化活动。

二、体育的功能

体育的功能是指体育系统所具有的作用、行为、能力和功效等。体育功能的存在与发挥取决于其本身的特点和社会需要的激励。体育除具有促进人自然属性发展作用的健身本质功能外，还是促进人社会属性全面发展的重要手段。同时，它还具有教育、娱乐、社会情感、社会交往、政治、经济等派生功能。

（一）健身功能

健身是体育最主要的本质功能。体育通过身体运动的方式进行，人体直接参与活动，这是体育最本质的特点。体育锻炼过程给予人体各器官系统以一定运动强度和量的刺激，从而使人体的形态结构、生理机能和生物化学等在其作用下发生一系列适应性反应，以此达到促进人体健康和增强体质的综合效应。

1. 促进健康

随着当今社会的发展和科技的进步，人们对健康的概念也有了新的认识。世界卫生组织（WHO）对健康提出明确而全面的定义："健康指在身体、心理和社会各方面都完美的状态，而不仅是没有疾病和虚弱。"这种健康概念的含义和评价，不仅基于医学、生物学的范畴，而且扩展到心理学和社会学领域，标志着人只有在身体和心理上保持健康，并具有对社会环境变化产生既迅速又完全的适应能力，才能称为真正的健康。因此，健康应包括身体健康和精神健康两个方面的内容。

身体健康是指良好的生长发育、正常的生理机能以及承受负荷后的适宜反应，人体健康与生物学、心理学和社会学的因素是紧密相连的。科学地从事体育锻炼，适宜的运动负荷能对人的中枢神经和内分泌系统产生良好的刺激，其作用主要体现为：有利于促进人体新陈代谢、改善心肺功能，促进青少年的生长发育和提高机体抵御疾病的能力；有利于延缓机体适应能力降低，推迟人的生物体各组织器官结构、功能所发生的退行性变化，使中年人保持旺盛精力，老年人延年益寿。

精神健康既是维持身体健康的一种能力，也是身体的重要支柱。而良好的心理调节能力和讲究精神卫生是判断精神健康的基础。在影响精神健康基础的诸多因素中，体育对人的精神健康所起的积极作用是至关重要的。体育活动可以磨炼意志、增强信念、催人进取、培养集体观念、协调人际关系，从而促使人的心理调节能力得以提高，同时也有利于及时排除各种不健康的心理因素。体育活动通过调节人体的中枢神经，使人体与环境达到和谐统一，以利精神健康。

2. 增强体质

健康是评价体质状况的最基本因素之一，而体质则是健康的物质基础。强身健体是体育最主要的本质功能，科学的体育锻炼对增强体质所起的作用是至关重要的。体育实践证明，科学的体育锻炼，在改造人体器官、系统方面能起到积极作用，不仅有利于人体骨骼、肌肉的生长和改善，进而引起良好形体变化和内脏器官正常发育，而且有利于增强人体对外界的适应能力，改善人体血液循环、呼吸、消化、排泄等系统机能，从而提高人体的适应能力和防卫能力。另外，系统的体育锻炼对发展人体力量、耐力、灵敏、柔韧等基本身体素质和基本活动能力，以及提高体力方面都有着十分明显的作用。这表明，当人体生理机能、身体素质、基本活动能力水平得以同步提高和发展时，人体的体质和环境适应能力就会增强。

（二）教育功能

从原始社会出现的萌芽体育开始，体育一直是作为教育手段而不断发展的。史前儿童就已经从他们父辈那里受到劳动教育和体育教育，他们为了获取猎物和防止外来侵略，学会了准确地投枪和投掷石块，这是人类生存的需要。至今，现代竞技运动中的跑、跳、投等项目仍保留着这一教育的痕迹。

体育教育在传授生活技能、教导社会规范、培养竞争意识、提高适应能力等方面发挥着巨大的作用。随着现代社会的发展，现代体育教育并不仅限于学校体育，在竞技体育和大众体育中也显示出体育的教育功能。如竞技体育的训练过程本身就是教育的过程，竞赛的过程更具广泛的教育意义，通过竞赛培养人的爱国主义热情，顽强拼搏、无私奉献的精神；在大众体育中，学习健身、娱乐、保健等活动含有教育的因素，能者为师是这一活动类型的典型教育因素。现代体育教育已不仅是促进生长发育、增强体质，也不仅是锻炼身体、提高素质、掌握技能，而是重在培养人终生从事体育锻炼的兴趣和习惯，以改善生活方式、提高生活质量、适应现代社会发展的需要。①

（三）强健身心功能

1. 改善和提高中枢神经系统的功能

实践证明，经常参加体育运动，可以改变大脑的供血、供氧状况，使人头脑清醒，思维敏捷，大脑皮层的兴奋性增强，对内外刺激的反应更加迅速、准确。而中枢神经系统也会促使身体各器官系统的活动更加灵活和协调，保证机体对外界环境的适应性，从而提高工作效率。

2. 促进生长发育，塑造健美体形，提高运动能力

经常运动可以使管状骨变粗、骨密质增厚、骨结节和粗隆增大、骨小梁的排列也随之产生适应性变化，使骨骼更加坚实，抗压力更强，特别是能使脊椎、胸廓和骨盆等支撑器官的发展更趋完美，为塑造健美体形创造条件。同时，经常运动还能使肌纤维增粗，肌肉壮实、有力，从而提高劳动效能和运动能力。

3. 促进内脏器官构造的改善和机能的提高

运动使人体内血液循环加快，能量消耗增加，代谢产物增多，新陈代谢旺盛，从而使血液循环系统、呼吸系统、消化系统、排泄系统的机能得到改善。如心脏经

① 邱建华，杜国如 . 体育与健康教学研究 [M]. 南昌：江西科学技术出版社，2019.

过长期锻炼，产生运动性肥大，心壁增厚，心容积增大，每搏输出量增加，安静时出现心搏徐缓，出现机能“节省化”的现象，同时肺活量增大，呼吸深度加深。

4. 调节、改善人的心理情绪，提高适应能力

体育运动使人朝气蓬勃、充满活力、生活愉快、精神健康，消除意志消沉和情绪沮丧等不良情绪和心理状态，使人性格豁达，从而提高适应自然环境和社会环境的能力，提高对疾病的抵抗能力，以达到延年益寿的效果。

现代社会工作和生活节奏的加快对人体健康提出了更高的要求，人们已经认识到，无疾病并不等于健康。因此，人们积极投身于体育运动之中。所以，体育的强健身心功能在未来社会将越来越受到重视。

（四）娱乐功能

由于体育具有游戏性、大众性、艺术性、惊险性的特征，能满足社会不同人的各种需要，起到丰富社会文化生活、愉悦人们身心的作用，因此它具有娱乐功能。体育的娱乐功能主要体现在以下两个方面。

一是观赏（观赏也是一种参与）。现代运动技艺日益向高、尖、新、难的方向发展，运动员将时间与空间、健与美、韵律与节奏等巧妙地结合起来，使人们在观看比赛时，犹如欣赏优美的舞蹈、线条明快的雕塑、光线和谐的摄影艺术品，得到美的享受。运动员每一个精彩的动作或失误，均会引起观众的欢呼雀跃或叹息，人们的心被紧紧地牵动着。

二是直接参与活动。人们直接参与体育活动，特别是自己喜爱和擅长的运动项目，能够在完成各种复杂练习的过程中，在征服自然障碍的斗争中，体验到一种非常美妙的快感。这种心理状态可以激发人的自尊心、自信心、自豪感，满足人们与同伴交往、合作的需要。人们参与不同的运动项目会有不同的情感体验。现代人需要体育运动，需要体育的娱乐功能，用来缓解人在城市生活中与自然的隔阂，改善由于机械化、自动化、智能化给人的神经系统带来的高度紧张状态。在现代社会中，保持健康的、科学的、文明的生活方式，同时积极投身体育运动，对于提高人们的生活质量至关重要。

第二节　体育文化

一、体育文化的界定

关于什么是体育文化，不同时期、不同国家的学者有不尽相同的理解与阐释。20世纪，人们对体育文化的理解更加多元化：有人认为体育文化就是身体锻炼，有人认为体育文化是促进健康和增进体力的身体运动体系，也有人认为体育文化是用科学、美和生命的规律来解释的文化表现。1974年，国际体育名词术语委员会主席尼古·阿莱克塞博士在《体育运动词汇》一书中认为，体育文化是广义"文化"的一个部分，是各种利用身体练习来提高人的生物学和精神潜力的范畴、规律、制度和物质设施的总和；我国学者冯胜刚认为，体育文化就是人类在所有的体育现象及促进体育发展的活动中，在价值观念、精神状态、情感倾向等层面，在理论认识、方法手段、技能技术等层面，所表现出来的思维方式与在有意识的实践活动中所表现出来的行为方式的总和。

根据上述观点，并结合体育的概念，本书认为，只有当人们把体育运动作为一种形式和手段，有目的性、有选择性、能动地挖掘人体潜力并促进身心全面发展的社会实践活动后，体育运动才具备体育文化的意义。

二、体育文化的本质

作为人类文明象征的体育文化，其核心和灵魂是"人"。从身体文化、生命文化和人类起源关系的角度看，军事、宗教、教育、游戏等都是晚于体育文化产生的。可以说，体育文化的本质是提高人的素质，培养适应社会需求并能服务社会的人。

体育文化能够提高人类适应自然的能力。人在生理体质上的脆弱性，使得人只能以群体的形式在自然界中进行生命活动，体育作为提高人的身体能力的手段，对于提高人的斗争能力和生存能力具有无可替代甚至是第一重要的作用。这一过程形成了人的物质活动、精神活动及群体生活；同时，人类有目的的生产和劳动活动，形成了区别于动物的"对象化"特征，人与外界所形成的具有对象性特征的关系总和，便成为人的本质。从原始社会到当今高度发达的工业社会，在形式上脱胎于生产劳动的体育，在人类劳动造就人类对象性特征的过程中，即在促进人的本质发展方面一直起着重要作用。从人的主体性和本性看，一方面，体育文化通过锻造身心健康的人和积极向上的社会精神风貌为人的主体性提供良好的前提条件：另一方面，体育文化又使人的主体性受到制约，反对不文明的体育行为，将人的体育行为和整个行为导向文明范畴。①

三、体育文化的基本特征

（一）主体与客体的同一性

人类的各种文化活动，根据人的活动作用对象不同可分为物质文化、制度文化和精神文化，分别作用于自然、社会、人。体育文化作为文化的一种，其作用的对象虽然是人，但人既有自然属性，又有社会属性，因此，作为身体文化的体育文化最基本的特征是人的活动主体与客体的同一性。

（二）身体表征和传承性

体育文化是一种非语言文字，在运动教育中多采用身体动作，尤其是体育比赛，展现了以身体表征和传承的人体文化特征。

（三）较易理解的亲和性

由于依托最基本的人体活动，体育文化往往比较容易被人接受，并超越民族、阶级、社会制度、宗教信仰等，表现出很强的亲和力。

（四）激越和动感的竞争性

由于竞赛的普遍存在，体育文化往往表现为一种身体技艺的对抗竞赛，使超越与竞争一起形成体育文化的生命机制。

（五）表现和评价的直观性

体育活动的公平、公正、公开的活动原则以及成绩评价的直观性，是体育的生命活力所在，同时也构成了区别于其他文化的体育文化精髓。

① 郑焕然．大学体育文化与运动教程 [M]. 北京：北京理工大学出版社，2020.

（六）参与和实现方式的多样性

体育活动的身体性特征，凸显了参与体育活动的群体、目的、时空、内容、方式以及效果的多样性。

体育文化的上述特征都由体育活动的本质决定，即体育的身体对象性活动、体育活动培养人的宗旨。

四、体育文化的功能和作用

人的全面素质包括思想品德素质、文化素质、身体素质、心理素质、审美素质和劳动素质等。社会需要高素质的人才，而素质教育的非智力因素则需要通过文化来熏陶。体育文化以其独特的作用和魅力存在于校园文化中，在全面实施素质教育以及培养人才的过程中发挥着不可替代的作用。

（一）培养良好的道德品质，促进学生综合素质的提高

实践证明，学校在对学生进行德智体美劳全面发展的教育过程中，必须把德育放在首位，贯穿各类教育的全过程。良好的思想品德既可以通过说教，也可以通过环境感染在潜移默化中形成。体育文化是对学生品德教育最活泼、最直接、最生动的形式，通过体育文化活动进行思想品德教育，更适合学生的年龄特征，特别是结合各种不同运动项目的特点和要求，能较全面地实现对学生思想品德和个性的培养。体育活动多采用竞赛形式，既有热烈的竞赛气氛，又有严格的规则约束，而规则既是行为的准则，又是品德的规范。这有利于增强学生的竞争意识，培养公平竞争的观念和团结协作、公正无私、勇敢顽强、拼搏进取的优秀品质。在体育活动的参与或观赏中，学生要有进取意识，努力培养自己艰苦奋斗、团结友爱、乐于奉献的高尚品格；在体育的情感方面，应该更富有学生的特点，使自己在知、情、意、行诸方面都有更高层次的追求，从而养成文明、科学、健康向上的生活习惯。

体育文化是实现教育培养目标的载体，在体育文化活动中，学生必然受到集体主义、爱国主义、团结协作、遵纪守法、勇敢顽强等优良品质和高尚道德情操的教育。校园体育文化活动的开展过程，实际上就是学生自我表现、自我管理、自我提高、不断社会化的过程。校园体育文化活动的开展离不开广大学生的自觉意识和主动参与，同时也为学生进行自我教育、自我管理和自我服务提供了良好

的条件和环境。学生通过自觉组织、自觉参与校园体育文化活动，不断提高自身的道德品质和综合素质。

（二）促进学生身心健康发展

WHO关于健康的概念认为，只有身体健康、心理健康、社会适应良好、道德健康的人才是完全健康的人。促进学生身心健康发展是体育文化的重要功能，这种功能的显现是通过身心的交互作用实现的。一方面，体育锻炼过程中给予人体各器官系统一定强度的刺激，使机体在形态结构、生理机能等方面发生一系列适应性反应，从而对机体产生积极的影响，能够有效促进人们的身体健康；另一方面，许多学生选择体育活动方式并将其作为娱乐消遣的生活方式之一固定下来，让身体的生物学改造（器官的运动和锻炼）和心理的调适在健康的方式中实现。

体育文化活动以其固有的竞争性、娱乐性、艺术性，丰富了学生的精神生活，使他们在紧张的学习之余获得心情愉快、精力旺盛、情绪高涨等感受。体育文化活动营造的精神氛围，可以锻炼学生意志品质，催人奋发进取，培养集体观念，加强组织纪律，协调人际关系，消除精神烦恼，使人身心得以和谐、健康发展。

（三）提高学习效率

科学研究证明，长期坚持体育锻炼能保证大脑能源物质和氧气的充足供应，使大脑神经细胞得到充分发育。同时，不同性质的运动能为整个大脑神经系统提供各种信息，有利于提高大脑皮层神经细胞活动的强度、均衡性、灵活性，使整个大脑神经系统的结构、功能得到改善和提高。人的大脑在工作一定时间后会出现疲劳感，而高级神经的负诱导、运动中枢神经兴奋，可以使思维记忆中枢得到休息，从而很快消除疲劳，提高学习效率。

（四）增强学生审美意识，陶冶情操

体育文化对增强学生审美意识、陶冶情操具有很好的促进作用。体育本身就是健与美的统一活动。体育以身体活动为特殊手段，通过动作展示具体形象。身体美与运动美、自然美与艺术美的有机结合能给人以美的享受。体育锻炼能使学生体魄健美、体形匀称、姿态端正、动作矫健，这些既是健康的标志，也是人体美的表现。在多姿多彩的校园体育文化活动中，各种运动项目、各种身体练习、体育竞赛与表演、体育摄影、体育雕塑、体育建筑等，都可以使学生受到美的感

染和陶冶，获得体育美的情感体验。

我们可以将校园体育文化理解为一种校园精神的环境和文化氛围，其作用是通过体育文化氛围的营造来陶冶学生的情操，规范学生的行为。校园体育文化活动通过整体环境、文化氛围、实践活动、激励机制等影响和教育广大学生，使他们积极主动地投入这一环境中，这样既能从中学到知识，又能丰富生活；既能锻炼组织能力，又能培养合作精神和竞争意识。人体的健康美、形体美、姿态美是长期运动的结果。高雅的校园体育文化活动所带来的语言美、行为美、心灵美等，对于培养学生感受美、鉴赏美、表现美和创造美的能力具有特殊的、不可替代的作用。

（五）促进学生个体社会化

现行的学校教育，其目标之一就是促进学生的个体社会化。学生要想实现个体社会化就要遵守一定的社会规范，社会规范是历史形成或规定的行为与活动的标准。人的行为总是受到某种文化下的社会规范的制约。这些社会规范不仅指法律、规章制度，还涉及人际交往时的一些礼节规则和比赛规则。在比赛的过程中，人们在相应的比赛规则下就应该做出某种行为或者受到某种约束。人们在比赛中扮演角色、学习角色、领悟角色，从而使自觉遵守社会角色规范成为可能。

体育文化活动加强了学生之间的交流，特别是集体项目，需要众多人员通过默契配合、集体合作、顽强拼搏方能取胜。在训练和竞赛中，这种日积月累的合作往往能够增进人与人之间的情感交流，并加深友谊，扩大人际交往范围。这样，学生既可以增进与同学的友谊，又能够逐步学会自我管理，不断增强自主意识、自强意识，提高独立生活和社会活动等方面的能力。体育文化为学生更好、更快地适应社会、融入社会、投身国家建设奠定了良好的基础。

第三节　体育运动的学科理论

一、体育运动与生理学

（一）人体生长发育的规律

人体生长发育过程是一个长达 20 年左右的连续而统一的发展过程，虽然这个过程会受到社会环境、营养、遗传以及体育锻炼等多重因素的影响，从而出现明显的个体差异，但也有基本规律可循。

人体生长发育的规律主要包括身体形态、生理机能、身体素质等方面，这几个方面存在相互依存、相互影响、相互制约的关系。尽管人体生长发育是连续、统一以及逐步完善的过程，但各个年龄阶段的生长发育速度并非匀速直线上升的，相反，其具备阶段性特征与小波浪性特征。

青少年生长发育的相关研究表明，青少年时期的各项身体素质都会有一个发育最快的时期，人们把这个时期称为“敏感发育期”。倘若错过“敏感发育期”，则青少年的发育会受到很大影响甚至贻误终生。在日常生活中，身体素质的高低往往会通过不同种类的活动形式呈现出来，具体包括走路、跑步的速度，投掷力量的大小等。

一般人即便不参与锻炼，身体素质同样也会有“自然增长”的过程，但这个过程存在很大的局限性。因此个体要想提高身体素质，就需要坚持参与体力负荷锻炼，从而对身体的各个组织和系统产生有效刺激。身体素质和身体形态、身体结构以及生理变化的功能存在很大联系，具体反映为身体素质越高，则在日常生活和学习中就表现得越灵敏，主观能动作用的发挥就会越理想。

体育教学是以学生身体练习为主要手段，以提高学生健康水平和体能水平为核心，以培养全面发展的学生为目的的教学活动。体育教学设计旨在充分挖掘体育教学在推动学生生长发育、提高学生身体机能水平以及增强学生体能等多个方面的有效性。学校在设计学校体育课程的教学方案时，一定要对学生的生长发育规律、有机体机能特点、各年龄阶段的身体素质特征有一个清晰的认识。青少年生理特征对体育教学设计的影响具体表现为：在分析体育教材内容、确定或创编体育教材内容时，要兼顾青少年的生理发展特征，保证选定的体育教材内容的载体作用发挥至最大，从而促使体育教学目标顺利实现；以学生学习需要为依据，确定体育教学中存在的问题以及学生的教学起点；确立体育教学目标、选择体育教学策略、安排体育教学过程都应严格遵循青少年的生理发展特征，保证体育教学目标、体育教学内容、体育教学策略适宜有效。从整体来说，学校体育课程的所有环节都应当严格遵循学生生长发育规律，深刻认识到各项规律对体育教学产生的作用和限制，如此才能保证体育教学方案达到高效性和可行性要求。

（二）身体机能适应规律

1. 人体适应性规律的提出

人体适应性规律是根据生理学的新陈代谢规律提出来的。人体在参与体育运动的过程中承受一定的运动负荷，导致体内异化作用加强，能量储备下降；经过适当的休息和调整后，体内的同化作用加强，能量储备上升；经过进一步调整和休息之后，人体内的能量储备超过原来水平。这三个阶段依次可称为“工作阶段”“相对恢复阶段”“超量恢复阶段”，是人体对运动适应的表现之一，也叫作“超量恢复”。这种适应特征为体育教师合理安排练习，有效提高学生的身体机能水平提供了理论依据。人体适应性规律是一般性的原理，在不同的领域有不同的含义。“超量恢复”的原理，若用于运动训练领域，超量是指极限负荷的量，若用于普通学生，超量是指已经适应了的量，是指学生的身体机能对某一运动负荷达到适应状态，可以适当地加重运动负荷，从而逐步提高身体运动能力，提高学生身体机能的适应性。

2. 体育教学中身体机能适应规律的体现

当外界环境发生变化时，机体内环境的相对平衡遭到破坏，体内的各种功能不得不重新进行调整，以维持机体内外环境的相对平衡，这就是生物适应过程。在体育教学中，学生身体机能适应规律是指学生在经历系统的体育教学和锻炼过程中，身体内部会逐渐产生一系列的生理和物理性变化，这种变化随着学习和锻炼时间的增加形成量的积累，促使身体机能逐渐适应并得到改善。

二、体育运动与心理学

（一）影响运动的心理因素

心理是脑的机能，即任何心理活动都产生于脑，所有心理活动都是脑的高级机能的表现；心理是对客观现实的主观反映，即所有心理活动的内容都来源于外界，是客观事物在脑中的主观反映。生理心理学和神经生理学研究表明，动物在进化中产生了神经结构这一物质基础之后，就有了心理机能。随着进化，动物越是高等，脑的结构就越是复杂，心理活动也就相应地越发复杂化了。随着脑的发育和复杂化，心理也相应获得发展。任何的心理活动都产生于脑，但是脑不能独立地、凭空地产生心理活动，而是必须有客观的刺激作用于脑，脑能动地对这一刺激产生反应，从而产生心理活动。参加体育运动锻炼，有利于人体的健康，而健康的人体，又为心理健康提供了坚实的物质基础，同时还会形成一种良好而特殊的心理满足感。这是在新的领域进行意识交流的结果，是一种自我实现的多重心理健康效应。

在运动技术的形成和发展过程中，心理过程始终都会参与对技术动作的控制和调节。一般来说，人体在掌握体育运动各项目的技术时，与之相关的心理因素主要包括以下几个方面。

1. 运动知觉

运动知觉是指人脑对外界事物和人体运动状态的反应。一般可将运动知觉分为两种，即客观运动知觉和主观运动知觉。主观运动知觉和客观运动知觉对于运动技能的掌握都具有重要的作用。在进行相应的体育运动时，运动技术的操作是开展各项运动的基础，而人对技术动作的准确操作和协调就需要以高度分化的运动知觉为基础，所以高度分化的运动知觉对技术动作的掌握和运用具有重要的意义。科学、正确的运动知觉也是运动技能掌握的重要心理基础，而运动知觉是多方面知觉的概括，主要包括速度知觉、平衡知觉、空间知觉和专门化知觉等。

2. 自信心

自信心是良好的心理素质的重要组成部分，它决定着一个人整体个性的全面发展。在比赛过程中，运动员保持良好的自信心态，就能够保持清晰的头脑，勇敢地面对对手及相应的困难，能够顽强拼搏、超越自我。与自信状态相对的则是自卑状态，在自卑状态下，运动员会不相信自己的能力，畏首畏尾，错失很多攻防的绝佳机会。

运动员应不断地提高自我认识，对自身给予积极的评价，发掘自身与众不同的价值。教练员应对队员进行鼓励，对队员的能力和品质予以积极的肯定。只有这样，才能够促进其自信心的培养和发展。

3. 注意力

注意力即运动员全神贯注于一个确定目标的能力。在运动训练中，运动员只有专注于运动训练，才能够更好、更快地投入运动之中，从而达到更好的运动训练效果。在竞技体育运动中，运动员的目标就是积极地进行进攻和防守，最终赢得比赛。在比赛过程中，有很多影响运动员注意力的因素，如场上运动员、观众、教练和裁判等对运动员均能够造成一定的干扰，从而使其注意力不能集中，对比赛产生消极的影响。运动员要想做到在比赛中不为外界因素所干扰，从而影响自身技艺的发挥，就要积极地运用自我暗示、想象训练、指导语等方法进行调控，以消除外界的影响，将所有精力集中于比赛。

4. 情绪

情绪是情感体验过程的具体形式，而情感体验则是人对客观事物是否符合自己的需要而产生的体验。情绪是人对事物的态度和行为上的反应。情绪稳定对于运动员来说具有十分重要的意义，它是运动员技能正常发挥的重要保证，是运动员主要的心理因素之一。

5. 个性

运动训练者的个性特点对其训练具有显著的影响。个性一般指个体在社会实践中形成的、带有一定倾向的、稳定的心理特征的总和，这些特征构成了个体不同的精神面貌。运动训练中，因项目差异，要求运动参与者的神经类型与项目特点相吻合。

不同项目对参与者的个性心理特征也有一定的影响。各种运动的强度和技巧不同,要求运动者具备的精神活动特点与个性特征也不尽相同。许多证据表明,不同运动水平的练习者，其个性心理特征也是不同的。总体而言，优秀运动员在个性特质方面有低焦虑、低神经质和偏外向的特点，在心境状态方面有低紧张、低气愤、低疲劳、低抑郁、低困惑和高活力的特点，这些特点是与积极的心理健康模式相一致的。

6. 意志

意志是人们为了实现既定目标而支配自己的行动，并在行动时自觉克服困难的心理过程。意志和行动是不可分割的，意志支配行动，同时也在行动中得以体现。运动训练是有意识、有目的的行动，以实现既定的体育运动目标。运动参与者需要为此付出巨大的意志力。这种意志力是与参与者克服各种来自机体内外部的困难以及正确估计时间、合理分配能量、实施预定的战术任务相联系的，参与者必须具备的意志品质有持久、顽强、自制、沉着、果断等。

（二）体育运动心理训练的基本原则

1. 自觉积极性原则

积极良好的态度是产生良好训练效果的决定因素，因此，在这一过程中，教练员应该向运动员认真贯彻和讲解进行训练的目的、作用和意义，并认真地说明其所应用的方法和具体的内容，从而使运动员能够进行自我分析、调节和控制，以调动运动员的积极性。

2. 全面系统原则

心理训练的全面性原则要求心理训练必须与身体训练和技战术训练紧密结合，同时，在训练时还要与运动员的智能训练有机结合。需要注意的是，在训练过程中，心理训练的内容应该包括心理训练的各个方面，即心理过程、心理状态、个性特征等都应给予积极的影响。

3. 区别对待原则

身体素质的训练要求教练员区别对待不同的运动员，在进行心理素质训练时也应该坚持这一原则。运动员的心理特点具有较大的差别，心理素质的优缺点也有很大的不同，采用有针对性的区别对待，是取得良好训练效果的保证。

4. 长期训练和短期训练相结合原则

心理训练既要使运动员在比赛中克服各种心理障碍，又要使运动员形成良好的人生态度和价值观，这就需要运动员在进行训练时，要坚持短期训练和长期训练的结合。长期训练能够全面提高运动员的各项心理素质；而短期的训练能够使运动员在比赛中具有更好的心理素质来应对挑战。两者之间是密不可分的关系，只有将两者更好地结合起来，心理训练才能发挥更大的作用。[①]

① 黄武胜．体育训练与运动心理学研究 [M]. 北京：中国商务出版社，2019.

第二章　体育运动训练原理与管理

第一节　体育运动训练的原理

一、运动训练的特性

（一）目标专一，训练任务多样

运动训练以创造优异的运动成绩为目的，因此训练目标非常专一，安排的训练项目、内容都具有专门性。随着现代竞技运动的快速发展，比赛竞争越来越激烈，要求运动员的各种能力都要有所突破，不断刷新成绩。因此，运动员不但要开展全面训练，而且还要在此基础上依据运动专项的特殊要求，在不同训练阶段采用不同手段开展专项训练。运动训练既强调专门性，也不排斥有利于专项运动能力提高的其他项目的训练内容和手段。实际上，很多运动训练项目之间都相互借鉴、参考有利于自身的方法。因此，运动项目、内容的专门性不仅是指专项本身，还是从运动训练目的和可能性上来讲的。

虽然运动训练有明显的专一性，但具体训练任务方面却是多样的。有的运动训练项目不但要开展各种体能训练，还要开展技术训练；不但要开展战术训练，还要开展心理素质训练。这些任务既有训练因素方面的训练任务，也有非训练因素方面的训练任务。

（二）内容复杂，训练方法多样

运动训练功能和任务是多样的，训练过程也是复杂的，而运动训练内容也表现出复杂的特点，这就要求不断探索更多的训练方法、手段，并在此过程中进行科学合理的优选。现代运动训练的基本手段是开展身体练习，而只有进行各种身体练习才有可能提高运动能力。

在具体的训练实践中，既要根据不同任务选择运用最有效的手段和方法以提高训练的效果，又要采用多种手段、方法达到同一目的，从而提高运动员的兴趣，使运动员能够主动、自觉、积极地进行训练。

（三）过程长期，严密计划保障

运动员肌体的生物节奏变化是周而复始、循环往复的，运动竞赛安排也具有周期性的特点，按一定的动态节奏，循环往复、逐步提高地安排训练内容和负荷量度，因此运动训练的过程也是长期的。运动员只有经过长期的系统训练，才有可能产生良好的训练效果。

从本质上讲，运动能力提高的过程是运动员肌体适应训练刺激并由量变到质变的过程。在运动训练中，没有长时间量的积累，就不会有质的变化和提高。由于运动员在长期训练过程中受多种因素的影响，因此需要有科学严密的训练计划做保障，把计划安排的长期性与阶段性紧密结合起来。

（四）训练计划科学，具有针对性

现代训练的科学化水平越来越高，其科学性主要体现在运动训练的计划中，教练员、运动员实施训练以训练计划为依据。没有计划的训练，不过是一种盲目散漫的训练；但是有计划而安排不科学，也难以达到最高的训练成效。

运动训练在很大程度上是个人的训练过程，运动成绩的取得，与运动员的天赋才能、运动素质的发展、技术与战术的掌握、心理素质的优劣以及文化素养的高低有密切的关系。而这些基本能力又存在很大的个体差异，并在一定程度上可以相互补偿。只有针对性强的训练刺激，才能最大限度地挖掘和发挥运动员的潜力，提高运动员的训练水平。

在一些集体对抗项目，如篮球、足球、排球的训练中，由于位置和分工的不同，也要开展一定程度的个别训练。但要注意的是，针对性并不是否认群体训练中特定的训练过程和时间，以及练习形式、内容、方法安排上的一致性。

（五）效果有表现性，表现方式有差异性

运动训练的效果和最终目的，主要是提升运动成绩以及促进身体健康。训练的效果以及通过训练提高的运动技术水平和成绩都需要通过比赛来表现，只有在正式比赛中表现出来，才会得到社会的认可。在比赛中不能表现出训练中最高成绩的运动员，就不是一个真正优秀的运动员。因此，在日常训练中要加强对运动

员比赛能力的培养，力争将平日的训练成果在重大比赛中以优异的运动成绩表现出来。运动员在运动训练的过程中，既要着眼于竞技能力的提高，又要根据长期、近期参加比赛的安排，进行科学的训练。

运动成绩要通过一定方式表现，但不同的运动项目比赛方式不同，所以运动成绩的表现方式也各不相同。例如，有的用功率指标表现，有的用比分表现，也有的用评分方式表现。这些表现形式都有十分严格的规则和制约条件，否则即便是在正式比赛中表现出来的也不一定能够得到承认。

二、运动训练的要素

运动训练具有丰富的内涵，它是一个教育过程，提高运动员的竞技能力和运动成绩是其目的所在，需要教练员和运动员的积极参与和配合。运动训练的构成要素至少应包括训练时间、训练形式、训练强度、训练负荷。

（一）训练时间

要保证运动训练产生效果，通常情况下，一次运动训练应至少保证 20 ~ 30 分钟一定强度的练习。以肌肉耐力与力量训练为例，训练时间与训练中的重复次数成正比。对于一般训练者来说，在阻力充足的条件下，肌肉全力以赴地练习 8 ~ 12 次的重复量，可以在发展肌肉耐力的同时，其力量也得到一定程度的训练。当训练者有了进步后，每种抗阻力的训练应重复 2 ~ 3 组。人的身体不会因为一次运动而变得更健康，不管是肌肉、体脂肪，还是神经反应、心肺功能等，都需要至少 4 ~ 6 周的持续运动才有可能改善。一般而言，运动后的 24 ~ 48 小时生理状况会比运动前还要差，只有经过一段时间的休息与恢复后，身体才会开始适应运动后的生理变化，变得比运动前更好。因此，在进行训练时，需要掌握训练的强度及恢复的时间。

（二）训练形式

运动训练的训练形式即练习形式。训练者为提高有氧耐力，通常采用慢速跑步、越野跑、骑自行车、游泳、划船等周期性运动训练形式。训练者开展柔韧素质训练，可选择器械上的练习（如肋木、平衡木、跳马、把杆、吊环、单杠等），也可以利用外部阻力（如伴随助力、负重）进行练习，或者利用自身所给的助力或自身体重进行练习（如在吊环或单杠上做悬垂等）。在运动训练实践中，选择练习形式时，应遵循科学训练的专门性原则。例如，为了增强训练者的心肺功能，教练应让其做改善心肺功能的练习。在需要集中精力完成专门训练任务，加强主要技术动作和战术配合环节的训练时，适合采用分解训练的形式，这样可使训练达到更好的效果。

（三）训练强度

合理安排训练强度是运动训练中需要重点考虑的问题。有很多方式可以用来衡量训练强度，如心跳、耗氧等，也就是运动时身体使用或消耗多少能量。例如，力量素质的训练强度，通常以不造成训练后隔夜的疲劳以及不适感为宜。通常情况下，训练强度要根据运动训练形式的变化而发生改变。

运动训练的训练内容不同，其训练强度的具体指向也有所不同。在传统的训练中，通常遵循高训练量、低训练强度的原则。近年来，实际的训练情况与比赛结果证明，长期进行高训练量、低强度的训练，容易使运动员产生神经系统和肌肉疲劳，从而使训练效果下降。运动员在进行大量低强度训练时，极易导致神经系统疲劳，无法发挥运动员的个人潜能。因此，运动训练要想取得好成绩，就必须抛弃高训练量、低强度的训练方式，采用高强度负荷的训练方式。[①]

（四）训练负荷

运动负荷是以身体练习为基本手段对训练者的肌体施加的训练刺激，是训练者在承受一定外部刺激时在生理和心理方面所表现出来的应答反应程度。一般情况下，可以通过对训练负荷诸因素的控制构建起不同特征的训练方法，进而利用不同特征的训练方法有针对性地提高训练者的体能素质水平。训练负荷是运动训练过程中最为活跃的因素，在运动训练全过程中，从每一次训练到全年训练、多年训练，都要安排适宜的训练负荷，科学地控制负荷的动态变化。

三、体育运动训练的影响因素

（一）运动员自身因素

1. 运动员的身体素质因素

良好的身体素质是运动员从事任何一项活动的基本素质，同时也是其参加竞

① 高振峰. 体育运动训练理论与方法研究 [M]. 哈尔滨：北方文艺出版社，2023.

技体育运动的基础素质。身体素质能在很大程度上影响运动员的运动能力。一般情况下，竞技体育运动都需要运动员具备较高的身体素质水平。特别是在选材的过程中，对运动员的形体发展有着非常高的要求。

运动员选材的主要目的在于充分挖掘并利用运动员天生的体育运动潜力，相较于“经验筛选”“自然淘汰”等经验选材，能在很大程度上降低时间、人力、物力、财力等方面的成本，能有效降低淘汰率，提高选材成功率。很明显，运动员本身所具有的身体素质是选材过程中需要考虑的首要因素。

运动员的身体素质水平也会随着其运动技能水平的提升得到相应的提高，而身体素质水平的提高又能为运动员运动技能的发展提供良好的基础。因此，运动员的身体素质与运动技能之间是相辅相成、相互影响的关系，在运动训练中，二者都非常重要，缺一不可。

运动员的身体素质包含很多种，不同的身体素质影响运动员的运动技能，但是从技能形成的生理依据上看，人的身体素质主要包括协调素质、柔韧素质、力量素质、平衡素质、灵敏素质和速度素质等。

良好的体能素质是运动员的基本运动能力，而运动员的体能素质发展状况主要决定于其身体形态、身体功能以及运动素质的发展状况。其中，身体形态指的是人体外部与内部的形态特征。能反映机体外部形态特征的指标主要包括高度、长度、围度、宽度、充实度等，高度主要包括身高、坐高、足弓高等，长度主要包括腿长、臂长、手长、头长、颈长、足长等，围度主要包括胸围、臂围、腿围、腰围、臀围等，宽度主要包括肩宽、髋宽等，充实度主要包括体重、皮质厚度等。能反映机体内部形态特征的指标主要包括心脏纵横径、肌肉的形状与横断面等。我们在日常生活中，能看到不同的人在体形上存在着较大的差异，人的体形一般与其所具有的某些能力有着密切的关联。例如，一个身材壮硕且高大的人，一般有着较好的力量素质，但是并不适合参加短跑、长跑等项目；一个身材瘦小的人一般在铅球、赛艇、足球等项目中缺乏足够的优势。

2. 运动员的心理能力因素

运动员的心理能力指的是与其运动训练、运动比赛相关的个性心理特征，同时也包括运动训练与比赛中所需具备的对自我心理活动进行调整的能力。

运动员的心理能力在运动训练中发挥着非常重要的作用，众所周知，相对于抑郁质、胆汁质的人，多血质、黏液质的人更加适合参加运动训练，并且在体育运动比赛中也通常有着较好的表现。观察力强的运动员，通常在比赛中善于利用各种时机，而想象力丰富的运动员通常表现出更加明显的创新精神。在射击、射箭、弓弩项目中，运动员的心理能力则发挥着更加显著的作用，对其总体竞技能力、竞赛结构等都有着非常大的影响。

在运动训练与比赛中，运动员既要消耗大量的体力，又要消耗巨大的心理能量，体育运动竞赛不只是运动员体能素质、技能水平和战术运用方面的较量，同时也是心理能力方面的较量。

良好的心理能力能显著增强运动训练的效果，当运动员拥有良好的心理能力时，其通常会有以下几方面的表现。

（1）拥有稳定的心理状态

运动员的心理状态能集中反映运动员当前的心理活动情况，能对运动员的运动训练效果产生非常直接的影响，在运动员运动训练、体育运动比赛中发挥着非常重要的作用。

（2）拥有足够的自信心

自信心是运动员在训练和竞赛中完成动作的基础心理能力。

（3）拥有足够的心理调控能力

当运动员拥有良好的心理调控能力时，说明其已经具备比较成熟的自我发展意识。运动员对自我心理的调控主要体现为自我意识的控制。

3. 运动员的运动智能因素

运动智能是运动员总体竞技能力的重要组成部分，涉及多方面的学科知识，包括体育学科知识，同时也包含运动训练能力以及运动竞赛能力。现代运动训练与竞赛对运动员的智能水平有着更高的要求，甚至在某些情况下，运动员的智能水平直接决定其比赛的成败。当运动员拥有较高的运动智能水平时，其往往对体育运动的专项特点与规律、运动训练理论与方法等具有更加深刻的认识，并且能更加熟练地掌握体育运动技术与运动技巧等。在运动训练中，也能更加准确地理解教练员的意图，并能积极自觉地配合教练员，高效地完成训练计划与训练任务，进而实现自身总体竞技能力的显著提升。不仅如此，当运动员拥有较高的运动智能水平时，通常能合理利用各种先进的运动技术，以快速、熟练地掌握运动技巧，同时也能更加准确地理解运动战术的精髓，并将战术灵活运用于竞赛中。

（二）教练员素质因素

教练员在运动训练中发挥着非常重要的主导作用，教练员的工作能在很大程度上影响着运动员运动训练水平的提高。这已经成为人们的共识。在运动训练中，教练员的身体素质、心理素质、业务素质等因素都会直接影响运动训练的过程和结果。

1. 教练员的身体素质因素

教练员的工作并不是单纯的脑力劳动，也需要利用自身的体能，因而也是一种体力劳动。教练员除了要为运动员的训练制订计划之外,还需要亲自参与其中。教练员的工作比较特殊，除了需要具备一定的专业知识之外，还需要具备良好的身体素质，这是对教练员的基本要求，也是教练员在训练过程中的综合表现。教练员具有良好的身体素质，不仅能在运动中充分发挥自身的优势，而且能适应多种运动要求，更好地开展训练工作。

2. 教练员的心理素质因素

对教练员而言，良好的心理素质也是必不可少的基本素质。心理素质直接影响着教练员在运动训练与比赛过程中的心理状况，教练员只有具备良好的心理素质，才能帮助、引导运动员在比赛中保持稳定的情绪，并在训练中保持高度的积极主动性。

教练员的心理素质也会对运动员的训练情况、比赛中的表现产生直接的影响。在运动训练过程中，拥有良好心理素质的教练员，往往能有效增强整个队伍的凝聚力，也能帮助运动员在比赛中获得更好的成绩。教练员良好的心理素质也能帮助其高度关注整个队伍的训练情况，做到仔细地观察每一个运动员的表现，分析了解每一个运动员的优势与不足，并根据不同运动员的具体情况进行有针对性训练，从而为每个运动员量身定制相应的训练计划。

与此同时，拥有良好心理素质的教练员，往往能积极主动地与运动员进行沟通交流，拉近彼此之间的心理距离，与运动员保持高度的默契，能有效培养运动员持之以恒、奋勇拼搏的精神。教练员能做到随时观察、了解运动员的心理变化，并采用相应的激励措施，充分调动运动员参加运动训练的积极性，也能帮助运动员调整情绪，避免产生过于暴躁或者低落等不良情绪，使运动员始终保持稳定的情绪，引导运动员在不同的比赛条件下，冷静、灵活地应对各种突发情况，快速找到各种问题的解决方法。

3. 教练员的业务素质因素

（1）课堂教学能力

教练员课堂教学基本能力集中表现在以下七个方面。

第一，熟悉教材。教练员要熟悉教材，理解教材，做到因材施教。教练员上课不可能手捧教案和教材，必须具有把所授教材烂熟于心并熟练传授的能力。

第二，熟悉运动员。教练员要充分地了解运动员，做到因人施教。教练员应该具有迅速熟悉运动员情况，分期分批记住运动员姓名，了解运动员学习态度和对运动技术技能掌握现状，以及冒尖运动员基本状态的能力。

第三，熟悉教学方法。教练员应熟悉体育教学方法和手段，并有在课程教学实际中熟练运用的能力。

第四，熟悉组织教学方法。组织教学是体育课堂教学的核心，任何好的教学方法都需要通过教练员的组织手段来实现。教练员应具备根据教学的需要和运动员的实际情况，采用相应的组织教学方法有效地组织运动员练习基本功。

第五，体育示范能力。技术动作示范是教练员必须具备的基本能力。教练员做专业技术动作示范时，不但要能进行完整技术动作示范，而且能做分解技术动作的示范；不但要做正确动作的示范，而且要做错误动作示范，技术动作的示范要做得惟妙惟肖。

第六，灵活运用的能力。教练员应该具备善于观察运动员在学习过程中出现的各种情况，及时灵活地运用教材、教学方法和组织教学手段，使运动员在单位时间内获取更多的信息，掌握技术技能，提高学习效果的能力。

第七，师生交流与互动能力。体育教学活动涉及教与学的两个方面，需要师生之间有广泛的接触与交流。教练员在与运动员互动活动中，需了解运动员，改进方法，寻求运动员的配合；运动员需理解教练员，跟随教练员的教学思维循序渐进地从事练习，这样有助于增进师生感情，增强教学效果。

（2）组织活动能力

学校体育竞赛活动是运动员从事业余体育锻炼的主要活动形式之一，在这些活动中，教练员是主要的组织者和指导者，应该具备组织运动员进行体育竞赛活动的能力，善于制定竞赛规程、绘制竞赛表格、召集会议、培训裁判、布置比赛场地和器材、组织练习和比赛等。要能利用竞赛活动对运动员进行体育文化的传播，向运动员传授参加比赛的技能和技巧，并能向运动员灌输“公平、公正、公开”的竞赛原则，培养运动员正确的胜负观，能够及时、妥善地处理比赛中发生的纠纷，使体育竞赛活动健康发展。

（3）业余训练能力

业余训练是学校体育课程教学的基本活动之一，应包括校代表队和体育俱乐部的训练两个方面。学校体育代表队是学校体育的窗口，每个学校都需要有构建体育窗口的意识，教练员就是这个窗口的建造者和主角。教练员作为校代表队的教练，应该具备带队、训练、比赛的能力，能选材组队、制订训练计划、参与代表队管理、实施训练、研究对手、带队比赛等。在训练的过程中，教练员除训练比赛外，还应该积极与运动员所在院系保持经常的联系，对他们的思想作风、生活起居、学习成绩进行严格的管理和指导，使运动员能顺利完成学业和训练比赛的双重任务。对运动员凭兴趣爱好组建的体育俱乐部，教练员应给予辅导、训练，提高运动员的运动水平。

（三）训练方面因素

训练方面的影响因素主要包括训练理论指导、训练的系统性安排这两个方面，具体如下。

第一，训练理论指导。在科学技术高速发展、生活节奏加快的现代社会中，任何一个体育项目的发展，都需要有相关的理论研究做支撑。随着高水平训练的出现，运动训练中开始产生各种更加复杂的新问题。无论是哪种体育运动项目，都只有进行科学的训练，在科学的理论指导下才能取得显著的成绩。

第二，训练的系统性安排。由于现代运动训练具有周期性特点，当前的运动训练需要进行系统性安排。站在系统科学的角度上看，运动训练实际上就是一个系统的工程，因此，我们可以利用工程原理来构建运动训练工程结构。

为了客观地控制运动训练过程，教练员必须对运动员的训练过程进行监控与管理，以便了解运动员在经过相当长时间训练后，身体状况发生的变化，并据此研究下一个周期或是训练时期的战略措施。①

① 祝林．体育运动训练有效性的提升探究 [J]. 文体用品与科技，2021，12（12）：39-40.

第二节　体育运动训练的科学管理

一、体育运动训练的管理原理

（一）人本原理

人本原理就是在管理中做到以人为本。在管理系统中，管理的最终目的就是不断地满足人的物质需要和精神需要，实现人的全面发展。在管理中，人不仅是管理的主体，还是管理客体中最主要的因素，各项管理措施和管理手段的运用，首先是作用于人，再通过人来发挥其能动作用，最终协调与其他管理要素的关系。人本原理就是对一切管理活动均应以调动人的积极性，做好人的工作为根本的规律性的概括。

（二）效益原理

现代管理的根本目的是创造最佳的社会经济效益，任何管理都要以取得效益为目标，这是效益原理的实质所在。因此，为创造更高的社会经济效益，管理的各个环节、各项工作都要紧紧围绕提高社会经济效益这个中心，科学、节省、有效地使用有限的人力、财力、物力、智力和时间信息等资源，这也就是效益原理的含义。这一原理贯穿管理的全过程，比如，运动训练管理的目的是提高运动员的利用率和训练的成功率，以期用尽可能少的经费投入和物质消耗培养出更多的优秀运动员。

（三）系统原理

现代管理的系统原理是运用系统理论对管理对象进行细致的系统分析，以实现现代科学管理的优化目标。我们知道，任何管理对象都是一个特定的系统，管理系统的各要素不是孤立的、静止的，而是根据整体目标的要求，按一定的结构动态地组合在一起的，这是现代管理系统原理的理论基础。

系统原理是以系统理论中的整体效应观点为理论依据的。该观点认为，系统的诸要素经过合理的排列组合后，构成新的有机整体，具有其要素在孤立状态中所没有的新质（新的功能、特性、行为等）。具备了放大的功能，也就产生了“1+1

> 2”的效果，所以，系统的整体功能之和可以大于各要素的孤立状态之和。至于放大功能，功能的放大程度与系统的规模成正比，即系统的规模越大，结构越复杂，放大的功能就越大，科学的管理则是功能放大的决定因素。

（四）动态原理

动态原理是指在管理活动中，注意把握管理对象的变化情况，不断调节各个环节，以实现整体目标规律的概括。计划、组织、控制、协调等各个环节必须不断变化，因为人、财、物、时间、信息等管理对象是处于不断变化、发展过程中的，只有动态地适应管理对象的变化，管理目标的实现才能得到保证。

二、体育运动训练的管理方法

（一）体育运动训练的基本管理方法

1. 行政方法

运动训练管理的行政方法是指在进行管理活动时，依靠各级运动训练管理机构和领导者的权力，运用行政手段，按照行政系统规范进行管理的方法。行政管理系统对各子系统进行调节与控制主要采用命令、指示、规定、指令性计划和职责条例等行政手段。由于行政方法是由上级发布命令，下级则要对上级服从，上、下级之间有着非常清晰的关系。这要求相关人员在运用行政方法时，上级对下级所下达的命令、指令或指令性计划等，一定要与本部门的实际和管理活动的规律相符合，更要求上级领导者，除了要有责有权外，还必须具有较高的领导素质，即要有较高的理论政策水平和较强的组织管理能力。否则，管理的质量就会降低，管理的功效和目标的实现就会受到影响。

2. 经济方法

经济方法是依据客观经济规律的要求，运用经济手段，调节各种不同市场主体利益之间的关系，以实现管理目标的方法。这里所说的经济手段包括宏观经济手段和微观经济手段，不同的经济手段在不同的领域发挥着各自不同的作用。宏观经济手段主要包括价格、税收、信贷等，微观经济手段主要包括工资、奖金、罚款、经济合同等。

在社会主义市场经济中，经济方法有着巨大的意义，它可以有效提高运动训练管理的效能，克服体育管理中过去那种单纯依靠行政管理的做法，调动和激发运动员、教练员的积极性、创造性、主动性，充分尊重和体现运动训练这一特殊社会劳动的价值，从而不断增强管理的活力。

3. 宣传教育方法

通过宣传和教育等方式，使人们围绕共同目标采取行动的方法就是宣传教育方法。宣传教育方法的客观依据是人们对思想活动发展规律的正确认识。一方面，在运动训练管理系统中，为促进管理目标的实现，各项工作的进行都采用灌输、疏导和对比等教育工作方法，以激发行政管理人员、教练员、运动员的工作和训练热情。另一方面，宣传教育方法对其他管理方法的综合运用起着宣传、解释的优化作用。宣传教育方法是非常必要的，因为各种管理方法都具有优点和缺点，如何兴利除弊、综合运用，如何适应现代运动训练管理的发展而不断完善等问题，都需要宣传教育方法发挥作用。运用宣传教育方法，要通过多种形式和途径向人们进行宣传、解释，使人们能正确认识、客观对待、灵活运用。只有这样，管理方法才能发挥作用，才能增强运动训练管理整体功效。

我国运动训练所应用的各种方法或者所制定的各种法规、方针、政策和规章制度等实施效果的好坏，都与宣传教育方法有着密不可分的关系。

（二）体育运动训练的现代管理方法

现代管理方法属于一个方法体系，它是指在现代管理中所运用的方法的总称。现代管理方法从理论上可以有多种分类，如数量分析方法、信息系统管理方法、管理心理学方法等，这些现代管理方法已越来越广泛地应用于训练中。

1. 数量分析方法

一般来说，数量分析方法是指在一定的理论指导下，运用数学原理、数学公式、数学图形等，通过建立数学模型，并对模型进行计算和求解，从而为管理者提供选择的一系列方法、技术的总称。它是以定量分析为主的管理方法。数量分析方法具有丰富的内容和众多相对独立的分支，一般由以下四个基本部分构成。

一是理论基础。数量分析方法的理论主要包括基本理论和方法论两大类，其中基本理论涉及哲学理论、经济理论和管理理论，方法论主要包括系统论、信息论、控制论以及现代数学理论。数量分析方法就是以上述诸多理论的有关思想为理论基础，对某种方法以什么目的出发，能解决什么问题，为什么能解决这样的问题以及如何解决等基本问题进行回答。

二是数学模型。几乎所有的数量分析方法都有自己不同的数学模型，这是因为数量分析方法比较注重定量分析，其分析主要借助于数学模型来进行。对数量分析方法的数学模型来说，它既符合一定的数学原理，又能对客观事物间复杂的数量联系有比较准确的反映。

三是方法步骤。所有的数量分析方法都要有一定的步骤。步骤是对某种方法解决问题所必须遵循的一般程序的体现。违背了这些程序，这种方法的作用就不能发挥，问题也不会很好地得到解决。

四是管理手段。数量分析方法中所运用的现代化的通信设备和计算工具就是管理手段。如前所述，运用数量分析方法，进行大量而复杂的计算是必要的，只有电子计算机才能胜任这种计算，与此同时，又必须有相配套的现代化的通信设备和信息获取手段，这样计算机才能得到运用，否则计算机的作用就不能得到充分发挥。为此，数量分析方法是与现代化的管理手段相联系的。

2. 信息系统管理方法

管理信息系统是一个由人和计算机等组成的能进行信息收集、传递、存储、加工、维护和使用的系统。管理信息系统能从全局出发，辅助组织或其他机构进行决策，利用信息控制机构的行为，并帮助实现规划目标。

信息管理系统有两个特征：一是以解决组织所面临的问题为基本目标。管理信息系统制定目标是组织面临的现实问题。它的目标是解决问题，对组织方面的信息集中存储、处理、分析作出决策。二是以数据库和数据处理技术为基础。现代化的数据存储理念是管理信息系统主要秉承的理念，在此基础上，优化整合数据，为各个部门访问所需要的数据提供便利，同时在分析处理数据时采用一定的数学方法以获取有用的信息。准备和提供同一格式的信息时，要简化各种统计工作，降低信息成本，并提供信息支持以便组织进行决策，处理信息时要利用数学方法和各种模型，以期预测未来和科学地进行决策。[①]

信息管理系统有两大作用：一是大幅降低组织管理人员的工作强度，节省人力和物力。在手工条件下，分类、登记和计算都是组织人员需要进行的工作，在实现信息化后，计算机可以自动完成计算、分类、存储等工作，而操作人员只需将原始记录输入计算机。这样，不仅大量的重复计算由计算机完成，而且输入数

---

① 唐进松，陈芳芳，薛良磊. 现代体育运动训练理论与方法探索 [M]. 北京：中国商务出版社，2019.

据后所有的数据处理也可由计算机完成。如此一来，人工方式的许多中间处理环节就可以避免，从而大幅降低工作人员的工作强度。二是提高组织管理的工作效率。计算机进行数据处理，其速度是人工方式的数量级倍数，这将使组织经营信息的提供更加及时。组织单位内部网络的建立，能够使部门之间的工作衔接更加紧密，业务办理速度大大加快。

目前，运动训练信息管理系统已经得到广泛的应用，在运动训练的科学化和提高训练水平方面，正发挥着越来越重要的作用。

第三章　体育教学中不同运动项目的训练

第一节　体育教学中篮球运动的训练

篮球教学训练活动是一个有组织、有规划，使学生掌握篮球基本理论、基本技术和基本技能以及提高和保持运动水平的教育过程。在这个过程中，教育者（教练员）起着主导作用。

一、篮球运动的技术训练

（一）篮球运动的移动

移动是篮球技术中攻防技术运用的基础。移动技术是队员在比赛中为了改变速度、方向和高度所采用的各种脚步动作方法的总称。在篮球比赛中，各种攻防技术动作的运用，都需要脚步动作的配合。所以，篮球运动员要在比赛中积极快速地移动，合理运用各种脚步动作，充分占据有限的地面与空间，争取掌握攻防的主动权。因此，在篮球技术教学与训练中，特别要重视移动技术的教学与训练。

移动技术教学顺序是：基本站立姿势、起动、跑、急停、转身、跳、滑步，其主要是遵循先易后难、先攻后守的顺序。移动技术的教学与练习步骤是，首先在原地练习，让学生体会动作方法和难点，然后在慢跑中学习掌握正确的动作方法，在掌握各种移动技术之后，再结合一对一的攻守对抗练习，以培养学生运用移动技术的意识，提高这方面的能力。

1. 起动

起动是队员在球场上由静止状态变为运动状态的一种动作，是获得位移初速度的方法。突然、快速的起动既是进攻队员摆脱防守的有效方法，也是防守队员抢占有利位置，防住对手最有效的方法之一。

动作方法：从基本站立姿势开始，向前起动时，上体前倾，重心迅速前移，后脚前脚掌用力蹬地，结合手臂协调摆动，向前迈出第一步，起动后的前二、三步步幅要小而快。向侧起动跑时，异侧脚前脚掌内侧蹬地，同时上体迅速前倾或侧转向跑的方向移动重心，手臂协调地摆动，以充分利用蹬地的反作用力迅速向要跑的方向奔跑。

动作要点：身体重心迅速前移，猛蹬地，步幅小而快。

2. 跑

跑是为了完成攻守任务而争取时间的脚步动作，具有快速、突然、多变之特点。比赛中常用的跑有以下形式。

（1）变速跑

变速跑是一种典型的利用节奏变化快速突破防守的移动步法，是队员跑动中利用速度的变换争取主动的一种方法。

动作方法：加速跑时，两脚要突然短促而有力地连续蹬地，同时上体稍向前倾，加快跑的频率；减速跑时，前脚掌用力抵地减缓前冲力，同时上体直起，以保证身体重心后移。

动作要领：掌握快慢节奏，速度变化明显。

（2）后退跑

后退跑是队员在球场上背对前进方向的一种跑动方法，是队员在由攻转守时为了观察场上情况而采用的一种跑步方法。

动作方法：后退跑时，脚跟提起，两脚提踵，用前脚掌交替蹬地提膝向后跑动，此时上体放松直起，两臂屈肘相应摆动，保持身体平衡，两眼平视场上情况。

动作要领：脚跟提起，上体放松，前脚掌用力蹬地。

（3）变向跑

变向跑是队员在跑动中利用突然改变方向完成攻守任务的一种方法。变向跑与变向后的快速跑结合运用，借以甩开防守，达到接球、抢位的进攻目的。

动作方法：在跑动中，向左变向时，右脚前脚掌落地（脚尖稍向左转），并且用前脚掌内侧用力蹬地，屈膝、腰部随之左转，上体向左前倾，快速移动重心，左脚向左前方跨出，然后加速前进。向右变向时，动作相反。

动作要领：前脚掌内侧用力蹬地，重心转移要快，右脚上步要快。

（4）侧身跑

侧身跑是上体侧向跑动方向，脚尖对着跑进方向的一种跑动方法。它是队员在向前跑动中为了观察球场上的情况，摆脱防守接侧向传来的球采用的一种跑动方法。

动作方法：在向前快速跑动中，头和上体向球或目标侧转，两脚尖要朝着移动方向，既要保持奔跑速度，又要完成攻守动作。比如，做切入时，面向球侧肩转体，用肩压住防守队员接球或护球，加速超越防守。

动作要领：上体前倾自然侧转，脚尖朝前，身体重心内倾。

3. 跳

跳是在球场上争取高度及远度的一种动作方法。跳的方式一般有两种：双脚起跳和单脚起跳。

（1）双脚起跳

动作方法：起跳时，两膝弯曲降低重心，上体前倾，然后两脚用力蹬地，伸膝、提腰，两臂迅速向前上摆，使身体向上腾起。上体在空中要自然伸展、收腰，下肢放松。落地时，用前脚掌先着地，并屈膝缓冲身体下落的重力，保持身体平衡，以便衔接下一个动作。双脚起跳一般在原地运用，也可以在上步、并步、跳步和助跑等情况下运用。

（2）单脚起跳

动作方法：起跳时，起跳腿微屈前送，脚跟先着地，并迅速屈膝过渡到前脚掌用力蹬地，同时提腰摆臂。另一腿快速屈膝上提，当身体达到最高点时，摆动腿自然伸直与起跳腿合并。落地时，双脚要稍分开，注意屈膝缓冲，以便衔接其他动作。单脚起跳一般在助跑的情况下运用。

4. 急停

急停是队员在跑动中突然制动的一种动作方法，也是各种脚步动作衔接和变化的过渡动作。急停的动作主要有两种：跨步急停和跳步急停。

（1）跨步急停（两步急停）

动作方法：在快速跑动中，跨步急停时，第一步跨出幅度要稍大，用脚外侧着地，屈膝，同时上体稍后仰，重心后移；然后跨出第二步，脚着地时脚尖稍向内转，用前脚掌内侧蹬地，两膝弯曲，身体稍有侧转，微向前倾，重心移至两脚之间，两臂屈肘并自然张开，帮助控制身体平衡。

（2）跳步急停（一步急停）

队员在中慢跑时，用单脚或双脚起跳（一般离地面不高），上体稍微后倾，两脚同时落地，约与肩同宽，前脚掌用力抵地，屈膝降重心，重心落在两腿之间，两臂屈肘微张以保持身体平衡。

5. 转身

转身是队员以一脚蹬地向前或向后跨步的同时，另一脚做中枢脚进行旋转而改变身体方向的一种动作方法。转身时，重心移向中枢脚，另一只脚的前脚掌蹬地，同时中枢脚以前脚掌转轴用力碾地，上体随着移动脚转动，以肩带腰向前或向后改变身体方向，转身后重心要转移到两脚之间。

转身可以分为前转身和后转身。前转身是移动脚蹬地在中枢脚前方（身前）进行弧形移动；后转身是移动脚蹬地在中枢脚后方（身后）进行弧形移动。

6. 滑步

滑步是防守队员移动的主要动作方法。它易于保持身体平衡，可向任何方向移动。滑步可向侧、向前和向后进行滑动并做后撤步来阻截对方的移动。滑步可分为侧滑步、前滑步和后滑步三种。

（1）侧滑步

从基本站立姿势开始，两脚平行站立，两膝较深弯曲，上体微向前倾，两臂侧伸，身体不要上下起伏，重心保持在两脚之间，眼要注视对手。向左滑步时，右脚前脚掌内侧蹬地的同时，左脚向左侧跨出，左脚落地，右脚向左脚靠拢半步落地，腰胯用力，保持低重心的水平移动。向右滑步时，动作方法相同，移动方向相反。

（2）前滑步

动作方法：两脚前后站立，后脚的前脚掌内侧蹬地，前脚向前跨出一小步的同时，后脚的前脚掌内侧用力蹬地向前滑动并保持身体前后开立姿势。前脚同侧臂前上举，另一臂侧下张开。

（3）后滑步

后滑步的动作与前滑步相同，只是移动方向相反。

（二）篮球运动的传接球

传接球技术的教学，首先通过讲解与示范的方法使学生初步掌握原地传接球的动作方法，其次在掌握动作规范的基础上进行移动传接球的教学，并与其他技术相结合，最后再进行防守情况下的练习，从而达到提高在实战中的运用能力之目的。

1. 传球技术动作

（1）双手胸前传球

双手胸前传球是篮球比赛中一种最基本、最常用的传球方法，运用这种方法传出的球迅速有力、到位率高、方向准确，可在不同方向、不同距离中运用，而且便于投篮、突破等动作结合运用。

动作方法：两手手指自然分开，拇指相对呈“八”字形，持球的两侧用指根以上部位持球，掌心空出，两肘自然弯曲于体侧，并将球置于胸腹之间的部位，身体呈基本姿势站立。传球时，发力于脚趾，后脚前脚掌蹬地，身体重心前移的同时，前臂迅速向传球方向伸出，拇指用力拨球，手腕前屈，食指和中指用力拨球并将球传出。球出手后身体迅速调整成基本站立姿势。传球距离近，前臂前伸的幅度就相对较小。远距离的传球，则需加大蹬地、伸臂和腰腹的协调力度。传球距离越远，蹬地、伸臂的动作速度就越快。①

（2）单手肩上传球

单手肩上传球是单手传球中一种最基本的方法。这种传球力量大，出球方向多，速度快，常用于中远距离传球，在发动长传快攻时运用较多。

动作方法：右手传球时，左脚向传球方向迈出半步，右手托球，同时将球引到右肩上方，肘部外展，上臂与地面近似平行，手腕后仰。左肩对着传球方向，重心落在右脚上，右脚蹬地，向左扭腰转肩，带动右前臂迅速向前挥摆，并扣腕拨球，通过食指、中指用力拨球并将球传出，要有明显的屈腕鞭打动作。球出手后，右脚随着身体重心前移，保持基本站立姿势。

（3）单手体侧传球

单手体侧传球是一种近距离隐蔽传球的方法，主要是近距离的外线队员向内线队员传球时运用，与跨步、突破等假动作结合运用效果较好。

动作方法：两脚开立，双手持球于胸前。右手传球时，左脚向左侧前方跨步的同时将球引至身体右侧呈右手单手持球，出球前的一刹那，持球手的拇指在上，手心向前，手腕后屈。臂向前做弧线摆动，手腕前屈，用食指、中指的力量将球拨出，出球部位在体侧。

---

① 常德庆，姜书慧，张磊. 高校体育教学与运动训练研究 [M]. 长春 ：吉林出版集团股份有限公司，2020.

2. 接球技术动作

接球是篮球运动中的重要技术之一，是获得球的动作，是抢篮板球和断球的基础，其目的是获得球和控制球。在激烈对抗的比赛中，它也是衔接运球、投篮、传球等技术的关键。接球技术主要分为双手接球和单手接球两种。

（1）双手接球

双手接球是一种最基本的接球方法，也是在篮球比赛中运用最多的动作方法之一。接球时，两眼注视来球，两臂伸出迎球，手指自然分开，两拇指相对呈“八”字形，掌心斜向前呈半圆形，以掌外侧小拇指一侧斜对球，当手指触球时，两臂随球后引缓冲来球的力量，两手握球于胸腹之间，以保持身体平衡，做好传球、投篮或突破的准备。

（2）单手接球

单手接球控制范围大，能接不同方向的来球，特别是在接高空球和距身体较远的来球时有较大优势。但是单手接球不如双手接球牢稳，因此，在一般情况下应尽量用双手接球。如用右手接球，则右脚向来球方向迈出，两眼注视来球。五指自然分开，掌腕微屈成勺形，接球臂向来球方向伸出。当球触手指时，手臂顺势随球下引并向内收，另一只手迅速跟上护球，双手将球拉至胸腹之间，以保持持球姿势。

（三）篮球运动的运球

运球是指运动员用手连续按拍球以使球从地面反弹起来的动作过程。运球在一定程度上反映着运动员控制球和支配球的能力。娴熟的运球是个人摆脱、突破防守的进攻手段，是组织全队战术配合的桥梁，并且其对于发动快攻、突破紧逼防守也起着极大作用。不过，运球的最终目的是争取时间和创造战机，因此，在训练和教学的过程中，教练员在教给学生运球技术的同时，还应教给学生适时而恰当地选择运球的时机。

运球技术的教学步骤：一般教练员应先教原地运球、行进间高与低运球、运球急停急起、体前变向运球、背后运球、转身运球和胯下运球等动作。教练员要向学生讲清运球的目的和作用，以及运球的时机、动作方法、动作要领和关键环节，指导其掌握正确的运球技术。

1. 高运球

通常在没有防守队员时运用。在行进中按拍球的速度较均匀，因此动作简单易学。

高运球的特点是球反弹较高，便于观察场上情况。运球时两腿微屈，上体稍前倾，目平视。以肘关节为轴，前臂自然屈伸，手腕和手指柔和而有力地按拍球的后上方，用指根及指腹部位触球，食指向前。球的落点控制在运球手同侧脚的外侧前方，使球的反弹高度在胸腹之间，手、脚协调配合。快速运球行进时手触球的部位要向后移，用力要稍加大，球的落点离脚要远些。

2. 低运球

运球行进中遇防守队员时减速弯腰屈腿，身体重心下降，屈腕并用手指和指根部位短促地按拍球的后上部，使球控制在膝关节高度，从防守队员的一侧超越，继续前进。

3. 运球急停急起

运球急停急起是在对方防守较紧时，利用速度的变化摆脱对手。在快速运球中突然急停，使身体重心下降，手按拍球的前上方，使球停止向前运行，目视前方，两脚用力蹬地，上体迅速前倾起动，同时手按拍球的后侧上方，人、球同步快速前进。

4. 体前变向运球

体前变向运球是在快速运球推进中运用的，当对手堵截运球前进的路线时，突然向左或右改变运球方向，从而摆脱对方防守的一种方法。

动作方法：以右手运球为例，运球队员从防守队员左侧变向突破时先向其右侧做变向运球假动作，当对手移动堵截运球时突然用右手按拍球的右侧后上方，使球经自己体前向左侧前方反弹。同时左脚迅速随球向左侧前方跨步，上体同时向左扭转，身体重心要降低，侧肩贴近防守者，将球压低。当球反弹至腹部高度时，右脚蹬地迅速前迈，左手拍球的后侧上方，超越防守。

5. 运球转身

当防守队员采用紧逼防守，离运球队员距离较近时，可用运球转身来突破防守。当对手逼近不能用体前变向运球突破，且距离又较近时，迅速上左脚，微屈膝，重心移至左脚，并以左脚前脚掌为转轴做后转身，右手将球拉至身体的后侧方，并按拍球使其落在身体的外侧方，然后换左手运球，加速超越防守。

6. 背后运球

当对手堵截运球一侧，距离较近，不便于运用体前变向运球时，可采用背后运球的方式，改变方向突破防守。

在跑动中由背后向左变向时，右脚向侧前方跨出，右手拍球的前上方，将球按拉到身后。当球反弹至身后腰部高度时，右手直臂按拍球的右侧后上方，使球向左脚的侧前方落地，随即迈左脚，球反弹后换左手继续向前推拍球，加速超越防守。

（四）篮球运动的投篮

投篮是进攻队员将球投入对方球篮而采用的各种专门动作方法的总称。投篮是篮球比赛中唯一的得分手段，投篮得分的多少直接决定比赛的胜负，而一切进攻技战术运用的最终目的都是创造更多更好的投篮机会，因此，投篮是整个篮球技术体系的核心。掌握和运用好投篮技术，不断地提高投篮命中率，对于学生学习篮球运动技能具有十分重要的意义。

投篮教学的技术步骤主要包括：首先，要教原地投篮，教行进间单手肩上投篮、单手低手投篮，再教原地跳起投篮；其次，要通过讲解、示范使学生建立完整、正确的投篮技术概念，掌握正确、规范的投篮手法以形成技术动作定型；最后，要在学生掌握了基本手法和步法的基础上，逐渐增加练习的次数、距离、难度、强度、密度等，并在攻守对抗条件下提高投篮的命中率。

决定投篮命中率的因素很多，包括心理因素、技术因素以及外界因素影响等，各因素相互联系、相互影响。所以，投篮动作要做到身体各部分协调配合和各技术环节连贯正确，良好的心理素质对提高投篮命中率起着至关重要的作用。投篮主要分为以下几种类型。

1. 原地投篮

（1）原地单手肩上投篮

原地单手肩上投篮是行进间投篮和跳起投篮技术的基础，是比赛中最常用的投篮方法。它具有出手点高、便于结合其他动作、不易被封盖等优点，因此在篮球比赛中被广泛使用。

动作方法：以右手投篮为例，双手持球于胸前，肘关节自然下垂，两脚前后或左右开立，两膝微屈，重心落在两脚之间，屈肘，手腕后仰，掌心向上，五指自然分开，持球于右眼前上方，左手扶球侧，上体放松并稍后倾，目视瞄篮点。投篮时，下肢蹬地发力，上肢随着蹬地向前上方伸臂，两手腕同时外翻，手腕前屈，拇指用力拨球，使球通过食指、中指端将球投出。球出手时身体随投篮出手方向伸展。

（2）原地双手胸前投篮

原地双手胸前投篮是篮球运动中较早的投篮方法之一，这种投篮方法方便与其他技术结合，且能充分发挥全身的力量优势，适用于中远距离，女子运用这种投篮技术较多。

动作方法：两手持球于胸前，手指自然分开，拇指相对呈“八”字形，用指根以上部位握球的两侧后下方，手心空出，两臂自然屈肘，肘关节下垂，两脚前后或左右开立，两膝微屈，重心落在两脚上，眼睛注视瞄准点。投篮时，下肢蹬地发力，两臂向前上方伸直，前臂内旋，拇指下压，手腕前屈，食指、中指用力拨球，通过指端将球投出。球出手时身体随投篮出手方向自然伸展，脚跟稍微提起。

2. 行进间投篮

（1）行进间单手肩上投篮

行进间单手肩上投篮是比赛中广泛应用的一种投篮方法。一般在快攻或突破篮下时运用，也称为跑动中投篮。行进间单手肩上投篮的优点是出手点高，易用身体保护好球。

动作方法：以右手投篮为例，在快速运球或跑动中，右脚向前跨出一大步的同时接球，左脚迅速跟上跨出一小步，同时用全脚掌着地，迅速过渡到前脚掌起跳，右腿屈膝上抬，两手持球上举至肩上头侧，腾空后，右臂向前上方伸展，腕、指动作与原地单手投篮相同。投篮出手后，两脚同时落地，两腿弯曲，以缓冲落地的力量。

（2）行进间单手低手投篮

行进间单手低手投篮的投篮动作多在快速跑动中超越对手并接近篮下时运用，具有速度快、伸展距离远的特点。

动作方法：以右手投篮为例，右脚跨出一大步的同时接球，左脚接着跨出一小步并用力蹬地起跳，右腿屈膝上提，双手向前上方举球。当身体接近最高点时，左手离球，右手外旋，掌心向上，托球，并充分向球篮的上方伸直，接着屈腕，食指、中指用力拨球，通过指端将球投出。

3. 跳起投篮

跳起投篮，简称“跳投”。其具有突然性强、出球点高和不易防守的优点，可与传球、运球突破等动作结合，可在原地、行进间急停或背对球篮接球后转身等情况下运用。

动作方法：以右手投篮为例，两手持球于胸前，两脚左右或前后开立，两膝微屈，重心落在两脚之间。起跳时两膝适当弯曲，接着前脚掌蹬地发力，向上迅速摆臂举球并起跳，双手举球于肩上或头上，左手扶球左侧。当身体接近最高点时，左手离球，右臂向前上方伸展，手腕前屈，食指、中指拨球，通过指端将球投出。

4. 扣篮

扣篮是直接将球由上向下灌入篮内的一种投篮方法。它是投篮技术发展中的又一个重要标志，改变了投篮的一般规律。由于扣篮出手点接近球篮又高于球篮，有最佳的入射角，因此无须考虑抛物线这一因素。在世界强队比赛中，扣篮得分所占的比例越来越大，扣篮方式随着实践发展而多样化，有原地扣、行进间扣、单手扣、双手扣、正手扣、反手扣、凌空接扣等。由于扣篮是直接将球由上向下扣入篮圈，因此其具有出手点高、球速快、攻击性强、难封盖、准确性高等特点，但也是难度较大的一种投篮方法，要求运动员必须有很好的身体素质，要有较强的弹跳力和控制球的能力，以下主要论述两种扣篮方式。

（1）行进间单脚起跳单手扣篮

以右手为例，行进间右脚跨出同时接球，紧接左脚迈出一小步制动并用力蹬地向上跳起，上体充分伸展，高举手臂将球举至最高点，超过篮圈的高度并有适宜的入射角时，用屈腕的动作将球自上而下扣入篮圈。球离手后要特别注意对身体的控制和落地时屈膝缓冲。

（2）行进间单脚起跳双手扣篮

双手持球，单脚用力蹬地向上跳起，同时将球上举，充分伸展身体，双手举球至最高点，当球举过篮圈高度时，双手屈腕，将球自上而下扣入篮圈。球离手后要注意控制好身体平衡，落地时屈膝缓冲。

5. 补篮

补篮是指投篮未中，球刚从篮圈或篮板弹出时，在空中运用单手或双手将球托入或拨入篮圈的投篮动作。补篮是一种无明显持球动作直接用力投篮的方式。队员应根据腾空后人、球、篮的相对位置、高度、角度以及防守情况，灵活地选择补篮的方法。以下是两种基本补篮方法。

（1）单手补篮

以右手为例，当球从篮圈或篮板反弹时，要准确判断球的反弹方向，及时起跳，手臂向球的方向伸出，当跳至最高点，手臂接触球的一刹那，在空中用手指和手腕的力量将球投入篮圈。

（2）双手补篮

球反弹方向在头的正上方时多采用双手补篮。起跳后，双手触球时可用拨球的方式将球投向篮圈，其他动作与单手补篮基本相同。

（五）篮球运动的抢篮板球

篮球比赛中，双方队员在空中争抢投篮未中的球称为抢篮板球。其分为抢进攻篮板球和抢防守篮板球两种。当进攻队投篮未中，自己或本方队员争抢在空中的球时，称为抢进攻篮板球或前场篮板球。对方投篮未中，防守队员争抢在空中的球，称为抢防守篮板球或后场篮板球。篮板球的争夺是攻守矛盾转化的关键，是增加进攻次数的有力保证，它对比赛的胜负起着至关重要的作用。

1. 抢篮板球的技术步骤

抢篮板球技术的教学顺序是：移动，抢占位置，判断起跳，抢球。教学与训练中，教练员首先要使学生明确抢篮板球的重要性，在进行抢篮板球技术训练中要注意培养学生勇猛顽强的战斗作风和积极拼抢的意识，养成每投必抢的习惯；其次可采用分解教学的方法，先练习原地起跳、抢球，再练习移动抢位、挡人、起跳抢篮板球的完整技术，并逐渐加大难度；最后在对抗的条件下练习或在比赛中进行抢篮板球练习。同时要在掌握投篮不中时球的反弹落点规律的基础上，增强抢进攻篮板球时的冲抢意识和抢防守篮板球时的挡抢意识。

2. 抢篮板球的技术动作

抢进攻篮板球是进攻队的一个重要进攻环节，是争取继续控球权的重要手段，也是争取获胜的主要途径之一。进攻队员抢篮板球时一般处于防守队员的外侧，需要移动和摆脱对手，因此，抢进攻篮板球时要突出一个“冲”字。

动作方法：篮下进攻队员抢篮板球，当同伴投篮的时候，靠近球篮的进攻队员要及时判断球的反弹方向，然后先向相反方向的侧前方跨步，做身体虚晃的假动作，诱开身前的防守队员，利用绕跨步挤到对手的前面或侧前面，抢占有利位置，借助跨步或助跑起跳，至最高点补篮或抢篮板球。处于外线位置队员抢篮板球，当同伴投篮时，如进攻队员面向球篮，则首先要观察判断球的反弹方向、速度和落点，突然起动冲向球反弹方向进行补篮或抢获篮板球。以从防守人身后左侧冲抢为例，进攻队员面向球篮时，右脚向右侧跨步，向右侧做假动作，随后以左脚为支撑脚，右脚向左跨出一小步，重心移至左脚，同时右脚立即向前跨步绕前，挤靠防守人，跳起抢篮板球或补篮。

总之，进攻队员抢篮板球要准确判断时间，绕步冲阻，及时起跳，补篮或组织第二次进攻。

（六）篮球运动的持球突破

持球突破是持球队员运用脚步动作和运球技术快速超越对手的一项攻击性很强的技术。良好的突破技术能打乱对方的防守部署，创造更多的攻击机会，若能巧妙地与投篮、传球等假动作有机地结合起来，就能使进攻战术更加灵活、机动。因此，在持球突破技术的教学和训练过程中，教练员不仅要教给学生规范的技术动作，而且要重视培养学生的突破意识和临场观察判断能力。

1. 持球突破的技术步骤

在持球突破技术教学中，教练员应先教交叉步持球突破，再教同侧步持球突破，避免两种突破方法相互混淆。在具体教学中，教练员应首先通过形象的讲解、正确的示范，使学生建立正确的动作概念，不要在细节上花费过多精力，以免因过强或过弱的刺激引起泛化现象，应强调掌握动作的主要环节，以取得重点突破的效果。同时，教学步骤和方法应遵循由易到难、由简到繁的原则，先学单个技术动作，再学组合技术动作，最后在消极防守和积极防守中学会运用。在练习中还应学会两脚都能做中枢脚，同时防止带球走步违例。

2. 持球突破的技术动作

（1）交叉步持球突破

交叉步持球突破是在离防守队员较近时采用的方法，因为交叉步持球突破更容易护球，也可减少走步违例，所以初学者运用较多。

动作方法：以左脚为中枢脚为例，两脚左右开立与肩同宽，两膝微屈，重心控制在两腿之间，持球于胸腹之间。突破时，右脚前脚掌内侧迅速蹬地，将重心移至左脚，同时向左前方跨步，上体左转探肩，将球引于左侧，在左脚离地前用左手推球于防守者的右侧，同时左脚全力蹬地，加速超越防守队员。若队员在突破中能有机地结合投篮、虚晃、传球等假动作，成功率会更高。

（2）同侧步持球突破

同侧步持球突破，一般在离防守队员较近、防守队员失去身体重心，尤其是向一侧失去重心过多时运用。

动作方法：以左脚为中枢脚为例，突破前，两脚左右开立稍大于肩，两膝微屈，重心控制在两腿之间，持球于胸腹前。突破时，左脚掌内侧蹬地，右脚迅速向防守队员左侧方迈出，脚尖向前，上体稍右转，同时探肩，重心前移，在左脚离地前，用右手推拍球于迈出脚的侧前方，左脚迅速蹬地并向右前方跨出，加速运球超越对手。

（七）篮球运动的防守技术

防守技术，是防守队员为阻挠和破坏对手的进攻，合理运用脚步移动和手臂动作，积极抢占有利位置，以达到争夺控制球权的目的所采用的各种专门动作方法的总称。由于现代篮球比赛中特别强调攻守平衡，对一支高水平的篮球队来说，谁具备攻守平衡能力，谁就能取得胜利。

防守队员要积极地抢占合理的位置，干扰、破坏对手的进攻行为，争夺控制球权，同时，还要想方设法破坏对方的战术配合，降低对方的进攻速度。防守对手既是个人防守技术，也是集体防守战术配合的基础。因此，教练员必须高度重视个人防守技术的教学训练，促进学生防守和进攻技战术的全面提高。

1. 抢防守篮板球

防守队员抢篮板球要突出一个“挡”字，利用自己占据篮下或内侧位置的优势挡抢篮板球。篮下队员抢篮板球，当进攻队员投篮时，根据对手移动的情况和位置运用上步、撤步和转身等动作把进攻队员挡在身后，并抢占有利位置。因距离篮较近，攻守距离也近，多采用后转身挡人的方式。挡人抢位动作应是低重心，两肘外展，抢占空间面积，保持最有力的起跳姿势。挡人主要是为了延误对手抢位起跳，所以转身挡人动作完成后，应迅速起跳抢篮板球。也可以适时合理地运用直接冲抢篮板球的方法，获球后最好能在空中将球传给同伴，完成发动快攻的第一传；如没有机会，则落地后应侧对前场，观察情况，迅速传球发动快攻或运球突破摆脱防守后及时将球传给同伴，要充分发挥篮板球的攻击作用，不能只是消极地保护球。

2. 防守持球队员

防守持球队员的主要任务是尽力干扰和破坏其投篮，堵截其运球突破，封锁其助攻传球，并积极运用抢、打、断球的技术，从而达到控制球权的目的。

防守持球队员时，防守人应站在对手与球篮之间，使对方、自己和球篮保持在一条直线上。一般来讲，离篮远则远，离篮近则近。同时，还应根据对手的进攻技术特点以及防守战术的需要来调整防守距离。

由于场上的情况是千变万化的，防守时应根据持球队员的进攻特点、意图及球篮距离，做出相应的技术动作。从脚步动作来讲，通常防守持球队员有以下两种防守方法。

第一，平步防守。两脚平行站立，两手臂侧伸不停挥摆。这种站位防守面积大，攻击性强，便于左右移动，适合于贴身防守运球突破。在对手运球停止时，封堵传球以及进行夹击防守配合均可运用平步防守的方法。

第二，斜步防守。两脚斜前站立，前脚的同侧手臂上伸，另一臂侧伸，两膝弯曲，降低重心。这种方法便于前后移动，对防投篮比较有利。不论采用什么防守方法，都要积极移动，当对方持球或运球突破时，应迅速后撤堵截其突破路线，使对手处于被动。当对手做各种假动作时，要判断真假，不要被其迷惑而失去合理的防守位置。当对手投篮时，要准确判断其起跳时间，及时起跳并进行封盖。

3. 防守无球队员

在篮球比赛中，防守队员绝大部分时间是防守无球队员。防守无球队员的主要任务是不让对手在有效攻击区内顺利接球，随时准备抢断传向自己对手或穿越自己防区的球，并快速反击。

（1）防守位置

正确占据有利的防守位置是防守成功的重要条件。选择防守位置要兼顾“球、人、区”。也就是说防守队员要根据对手、球篮和球的位置与距离，以及对手的身高、速度、进攻特点、战术需要和自身防守能力来选择防守的位置和距离，选位于对手与球篮之间偏向有球一侧的位置。

（2）防守姿势

正确的防守姿势能保证扩大控制面积并及时向不同方向移动。选择防守姿势与对手和球的距离远近有关。

强侧防守：防守距离球较近对手时，经常采用面向对手侧向球的斜前站立姿势。靠近球侧的脚在前，屈膝，重心在两脚之间，便于随时启动，堵截对手摆脱防守后移动接球的路线。伸右侧手臂，拇指朝下，掌心向球，封锁传球路线，干扰对手接球。

弱侧防守：防守距离球较远对手时，为了便于人球兼顾和协防，经常采用面向球，侧向对手的站立姿势。两脚开立，两腿稍屈，两臂伸于体侧，掌心向着球的方向。密切观察球、人的动向，并随着球或人的移动而不断地通过滑步调整自己的防守位置。

（3）脚步动作

防守时，防守队员要根据球和人的移动，合理运用脚步动作来保证及时占据有利的防守位置，争取主动。在与对手发生对抗时，重心下降，双脚用力蹬地，两腿弯曲，扩大站位面积，上体保持适宜紧张度，在发生身体接触的瞬间提前发力，主动对抗。合理使用手臂动作干扰对手视线，以扩大防守空间，保持身体平衡，快速移动，抢占有利位置。

二、篮球运动的战术训练

（一）篮球运动的进攻战术训练

进攻战术基础配合是在篮球比赛中，进攻队员两三人之间有目的、有组织、相互协同行动的配合方法。进攻战术基础配合包括传切配合、掩护配合、突分配合和策应配合。

进攻战术基础配合的教学内容应安排在基本技术教学之后、防守战术基础配合之前进行。进攻战术基础配合的教学，首先应通过讲解和演示使学生明确基础配合的概念、配合方法、移动路线、运用的时机、行动的顺序等。

教练员在教学中应抓住重点教材中的重点部分，以点带面。传切配合重点强调如何摆脱对手及传球技术运用。突分配合重点掌握突破分球的时机、传球方法及切入队员的路线。掩护配合重点强调掩护动作、距离、位置、角度和掩护后的转身及移动方向。策应配合应重点强调策应技术动作的运用、绕切的路线及传球的方法。与此同时，教练员在选择教学方法时，首先应在固定条件下练习配合的方法、路线、时机，然后再设置假设的对手或标志物，开展以简单对抗条件为背景的练习。加强教学组织管理，严格要求每个重要教学环节，增强学生的战术意识，并强调合作意识的培养与配合的质量，从而为学生学习整体战术配合打好基础。

1. 传切配合

传切配合是一种最基本的简单易行的进攻方法，一般在对方采用扩大盯人防守战术或区域联防时运用。传切配合包括一传一切配合和空切配合。随着现代篮球高空技术和技巧的发展，其具有配合简洁、突然、攻击性强的特点，同时一传一扣和空切与空中接球直接扣篮配合也是比赛中经常使用的方法。

传切配合的方式：①一传一切配合。持球队员传球后，利用起动速度或假动作摆脱防守，向篮下切入接回传球投篮的配合。②空切配合。无球队员掌握时机摆脱对手，切向防守空隙区域接球投篮或做其他进攻配合。

传切配合的要求：①必须有一定的配合空间及合理的切入路线；②切入队员首先要掌握好切入时机，应抓住防守队员选位不及时或注意力分散的空隙，快速起动，或利用假动作摆脱对手；③传球队员动作要隐蔽，及时准确。

传切配合的练习：①练习假动作摆脱防守，判断摆脱防守的时机；②练习传球的时机与准确性，加深配合默契程度；③进行横切、纵切、空切配合综合练习。

2. 掩护配合

掩护配合是指进攻队员之间选择合理的位置，用自己的身体以合理的技术，挡住同伴防守者的移动路线，使同伴得以摆脱防守，或利用同伴的身体和位置使自己摆脱防守而获得进攻机会的一种配合方法。

掩护配合有多种形式和方法，根据掩护者和被掩护者身体位置的不同，有侧掩护、后掩护、前掩护三种。而根据掩护者的移动路线、方法和变化的不同，有反掩护、假掩护、运球掩护、定位掩护和连续掩护等多种。

（1）掩护配合的方式

第一，侧掩护配合。侧掩护是指掩护队员站在同伴防守者的侧面，用身体挡住防守者的移动路线，使同伴得以摆脱防守的一种掩护方法。

第二，后掩护配合。后掩护配合是指前锋为后卫做后掩护的一种掩护方法。

第三，前掩护配合。前掩护是指掩护队员站在同伴防守者的前面，用身体挡住防守者向前移动的路线，使同伴借机摆脱防守接球进行攻击的一种掩护方法。

（2）掩护配合的要求

第一，掩护者应选择正确的掩护位置和动作，掩护的一刹那，掩护队员身体是静止的，并与对方队员保持适当的距离，两脚平行开立，两膝微屈，上体微前倾，两臂屈肘放于体侧或交叉放于胸前，这有利于自我保护和攻守对抗。同时应注意掩护要符合规则，不能有推、拉、顶等非法动作，与对方队员发生身体接触时不能再用跨步等动作去阻挡。

第二，掩护时同伴之间的配合时机非常重要，过早或过晚的行动都会使掩护失败，掩护时队员配合要默契，被掩护的队员要配合掩护队员，运用假动作来吸引对方。当同伴到达掩护位置时，摆脱对手的动作要突然、快速。

第三，掩护结束后，掩护队员要采用后转身动作挡住对手追赶其防守的同伴，堵截其追赶路线，并伺机接球进攻或冲抢篮板球。

3. 突分配合

突分配合是持球队员利用突破技术摆脱防守，当遇到其他防守队员补防造成防守部署被打乱时，迅速将球传给有利于进攻位置的同伴的一种配合方法。突分配合经常在对方采用人盯人防守或区域联防时运用，其可打乱对方的整体防守部署，压缩防区，从而给同伴创造最佳的外围投篮或篮下进攻的机会。

突分配合的方式：突分配合是持球从底线突破，遇到对手补防时，及时传球给横插到有利位置的队友投篮的一种方式。

突分配合的要求：①突破前要先观察场上具体情况，当对方的防守部署利于突破时，要果断实施突破；②队员在突破中动作要快速、突然，要随时观察场上攻守队员位置的变化，及时、准确地传球；③当持球队员突破后，其他的进攻队员都要摆脱对手，离开原先的位置，切向空隙区域，准备接球进攻或抢篮板球。

（二）篮球运动的防守战术训练

防守战术基础配合是指两三名防守队员，为破坏对方的进攻配合，或当同伴防守出现困难时，及时互相协作防守的方法。防守战术基础配合包括穿过、绕过、“关门”、交换防守、挤过配合等。

第一，穿过配合。穿过配合是破坏掩护配合，及时防住自己对手的一种配合方法。当进攻队员进行掩护时，掩护队员的防守者要及时提醒同伴并主动向后撤一步，让同伴及时从自己和掩护队员之间穿过，以便继续防住各自的对手。

第二，绕过配合。绕过配合是指破坏对方掩护配合并及时防守自己对手的一种配合方法。当进攻队员进行掩护时，防守队员要及时提醒自己的队员，并主动贴近对手，让队员以最快的速度、最短的距离从自己的身旁绕过，继续防住对手。

第三，“关门”配合。“关门”配合是指两名防守队员靠拢协同防守突破的一种配合方法，形同关门一样，将人堵在“门”外。

第四，交换防守配合。交换防守配合是一种为了破坏对方的掩护配合，防守队员之间及时交换自己所防对手的一种配合方法。当进攻队员进行掩护时，防守队员移动线路被阻，当进攻队员伺机摆脱防守时，防守队员应及时更换防守对象。

第五，挤过配合。挤过配合是指对方进行掩护时，防守队员在掩护队员接近自己的一刹那，迅速抢前横跨一步贴近自己的对手，并从两个进攻队员之间侧身挤过去，继续防守自己对手的一种配合方法。防守掩护队员的同伴要及时呼应，并配合行动，以备补防。

第二节　体育教学中足球运动的训练

足球运动是世界上开展范围最广，参与人数最多，被称为“世界第一运动”的体育项目。在所有的国际赛事中，足球赛事耗时最长，全场共 90 分钟；占地面积最大，以世界杯场地面积为准，则长度为 105 米，宽度为 68 米；是运动员在比赛过程中跑动最多的赛事。足球运动是以脚支配球为主体，在踢、运、停、顶、守门等基本技术的基础上两队互相攻防、对抗，以射门为目标，以射入球数量判定胜负的球类运动。足球运动的激烈对抗性有利于培养学生的顽强拼搏精神、团队精神和意志品质，全面改善和发展学生的身体素质。

一、足球运动的技术训练

（一）足球运动的控球

控球是持球队员以脚的各个部位，通过拖、拨、扣、颠、推、挑等动作，将球置于自身控制范围之内的技术。

第一，拖球。拖球是脚底触球的上部，将球由前向后或由左（右）向右（左）进行拖拉的动作。当拖球到位后，一般均以脚内侧做挡球动作，然后进入下一动作。

第二，拨球。拨球是持球队员用脚腕抖拨的动作，以脚背内侧或脚背外侧触球，使球向侧方或侧后（前）方滚动。拨球根据脚触球部位的不同分为“内拨”和“外拨”两种，运用脚背内侧拨球称为“内拨”，以脚背外侧拨球称为“外拨”。

拨球技术通常是与对手相持，当对方伸脚抢截球的一刹那，以拨球技术避开抢截从对方一侧越过时运用的技术。

第三，扣球。扣球是持球队员快速转身变向，用踝关节急转压扣的动作，以脚背内侧或脚背外侧触球，将球迅速停住或转变球滚动的方向，用脚背内侧扣球的动作称为“内扣”，用脚背外侧扣球的动作称为“外扣”。扣球动作改变方向后，用推拨动作突然加速越过对手。

第四，颠球。颠球是持球队员用身体各有效部位连续击球，并尽量不使球落地的技术动作。经常练习颠球能有效提高人体对球的各种特性（弹性、重量、旋转等）的熟练程度，同时加深练习者对触球部位击球力量的感觉。颠球的部位包括脚背、脚内侧、脚外侧、大腿、头部、胸部、肩等。

足球控球主要采用重复练习法：学生可以采用一人一球、两人一球的练习形式，在规定的时间内，将拖、拨、扣、颠球等控球技术重复练习一定的次数和组数。

（二）足球运动的踢球

踢球是有目的地把球传给同伴或射门的一种动作，它是完成战术配合的主要手段，同时也是足球基本技术中的主要技术。踢球的方法有很多种，常用的有脚内侧踢球、脚背正面踢球、脚背内侧踢球等。

脚内侧踢球：①直线助跑，最后一步步幅稍大，支撑脚踏在球侧 12 ~ 15 厘米处，膝关节微屈，脚尖正对出球方向。②踢球脚屈膝外展，脚底与地面平行，脚尖微上翘。③小腿加速前摆，用脚内侧部位击球的中后部，用推送或敲击的踢法将球击出。

脚背正面踢球：①直线助跑，最后一步步幅稍大，支撑脚积极着地，踢于球侧 10 ~ 12 厘米处，膝关节微屈，脚尖正对出球方向。②踢球腿以髋关节为轴，大腿带动小腿由后向前摆动击球的一刹那，脚面绷紧，脚背绷直。③小腿加速前摆，以脚背正面部位击球的后中部。④击球后，身体及踢球腿随球前移。

脚背内侧踢球：①斜线助跑，与出球方向约成 45°，最后一步略大，支撑脚外沿积极着地，踢于球的侧后方 20 ~ 25 厘米处，膝关节微屈，脚尖指向出球方向。②身体稍向支撑方一侧倾斜，踢球腿以髋关节为轴，大腿带动小腿向前摆动，大腿摆至与支撑腿接近同一平面时，小腿加速做鞭打动作。③踢球腿击球时，脚尖稍外转指向地面，脚趾紧扣，脚背绷直，脚跟提起。④以大腿带动小腿加速前摆，根据传球的目的，如击球的后中部或中下部，传出的球会呈现高、中、低不同的位置效果，击球后继续随球前移。

踢球时应注意以下几点：①传球不准确，应调整支撑脚的站位；②传球力量不够，应加快小腿摆动速度；③传球落点不准确，应注意整体动作的协调性和脚形的准确性。

（三）足球运动的运球

运球是指持球队员在跑动过程中有目的地用脚的某一部位推拨球，使球保持在自己控制范围内的连续触球动作。运球技术包括运球和运球突破，常用的运球方法有脚背正面运球、脚背内侧运球、脚背外侧运球等。

脚背正面运球：①持球队员运球跑动时，身体自然放松，上体稍前倾，步幅稍小，两臂屈肘自然摆动。②在运球脚提起时，膝关节微屈，脚跟提起，脚背绷紧，脚尖向下。③在迈步前伸着地前，用脚背正面推拨球前进。

脚背内侧运球：①持球队员身体自然放松，上体前倾并向运球方向转动，步幅小，双臂自然摆动。②运球时膝关节稍弯曲，脚跟提起。③脚尖稍向外转，在迈步前冲着地前，用脚背内侧推拨球。

脚背外侧运球：①持球队员身体自然放松，上体稍前倾，双臂自然摆动，步幅中小。②运球时膝关节弯曲，脚跟提起。③脚尖内扣，用脚背外侧推拨球的后中部。

（四）足球运动的接球

接球是队员有意识、有目的地利用身体的合理部位，把运行中的来球停挡在自身控制范围之内的动作。一般常用的接球方法有脚内侧接球、脚底接球、胸部接球、大腿接球等。不管何种接球方法，都包括判断球速、落点、接球及接球后控球四个过程。

1. 脚内侧接球

脚内侧接球包括接地滚球、接反弹球和接空中球三种技术。

接地滚球的动作要领：①支撑脚正对来球，膝关节微屈；②接球脚屈膝外转，脚尖稍翘起主动前迎来球；③球接触脚内侧的一刹那，接球脚后撤缓冲，把球控制在便于衔接下一个动作处。

接反弹球的动作要领：①支撑脚踏在球的落点侧前方，屈膝上体稍前倾；

②接球脚放松提起，用脚内侧对准球的反弹角度；③当球反弹刚离地时，用脚内侧部位推压球的中上部。

接空中球的动作要领：①根据来球的高度，接球脚举起前迎，对准来球路线；②当球与脚内侧接触瞬间,后撤缓冲；③把球控制在有利于衔接下一个动作的位置。

2. 脚底接球

脚底接球包括接地滚球和接反弹球两种技术。

接地滚球动作的要领：①支撑脚踏于球的侧后方，屈膝脚尖正对来球；②接球脚提起，自然屈膝，脚尖上翘高于脚跟，踝关节放松；③用脚掌前部触球的中上部。

接反弹球的动作要领：①支撑脚踏在球落点的侧后方，对准来球反弹角；②当球着地瞬间，用脚掌前部对准球的反弹路线，推压球的中上部。

3. 胸部接球

胸部接球是利用胸部接球的一种技术动作，其特点是面积大，有弹性，争取接球时间，易于掌握。胸部接球分为挺胸式和收胸式两种方法。

挺胸式接球的动作要领：①面对来球，双臂自然张开，两脚分开微屈膝，重心落于两脚之间；②当胸部与球接触前的一瞬间，两脚蹬地，胸部稍上挺，收腹，上体后仰缓冲来球力量；③以胸部触击球后，使球落于自己能控制的范围内。

收胸式接球的动作要领：①面对来球，两脚开立，双臂自然张开，挺胸迎球；②当球与胸部接触前的一瞬间，收胸、收腹，同时臂部后移，使来球得以缓冲；③以胸部接球后，使球落于自己能控制的范围内。

4. 大腿接球

大腿接球的动作要领：①大腿与球接触的一刹那，迅速撤引缓冲。②以大腿中部接触下落的球，使球落于有助于衔接下一个动作的位置。

（五）足球运动的头顶球

头顶球是指队员有意识、有目的地用前额正面或侧面将球击向预定目标的动作。足球比赛中，头顶球是传球、射门和抢截的有效手段之一，常用的头顶球有原地、起跳、跑动、鱼跃等方式。头顶球作为争取时间、争夺空间的有效手段，在比赛中被广泛使用。

原地前额正面头顶球：①身体正对，两眼注视来球，两脚前后开立，微屈膝，上体后仰展腹，重心落于后脚，双臂自然张开。②球运行至身体垂直上方时，后脚用力蹬地，收腹，快速向前屈体，重心由后脚移向前脚。③击球时，颈部肌肉紧张，用前额正面顶球的后中部，上体随球前摆。

起跳前额正面头顶球：①原地起跳时，双脚用力蹬地，两臂屈上摆自然张开，在上升过程中，上体后仰展腹呈反弓形，注视来球。②球运行至身体垂直上方时，收腹，上体快速前摆，颈部紧张。③用前额正面把球顶出，随后屈膝缓冲落地。

（六）足球运动的抢截球

抢截球是转守为攻的积极手段，是防守技术的综合体现。抢截球包括抢球和截球两部分内容。抢球是指在足球规则允许的条件和动作下，把对手控制的或将要控制的球抢夺过来或破坏掉；截球是指将对手相互间传出的球堵截或破坏掉。

正面跨步抢截球：①两脚前后开立，膝微屈，身体重心下降并落于两脚间。②当对手脚触球后，脚即将落地或刚落地瞬间，抢球者后脚用力蹬地，抢球脚以脚内侧堵截球，当球被堵时另一脚快速跟上。③如双方同时触球，则抢球脚顺势向上提拉，使球从对手脚背滚过，然后身体重心迅速跟上，控制球。

侧面合理冲撞抢球：①当防守队员与对手并肩跑动追球时，身体重心下降。②用靠近对手方一侧手臂的肩部以下肘以上的部分贴紧自己身体去冲撞对手相同部位。③使对手身体失去平衡，进而失去对球的控制，乘机把球夺下。

（七）足球运动的掷界外球

掷界外球是指按足球竞赛规则规定，在比赛中用手将越出边线球掷入场内，恢复比赛的一项技术。掷界外球有原地掷界外球和助跑掷界外球两种方法。

原地掷界外球：①面向比赛场地，双手持球于头后。②用连贯的动作把球从头后经头顶掷入场内。③球掷出后，双脚均不得离地和踏进场内。

助跑掷界外球：①助跑时双手持球于胸前，助跑距离不宜太长。②掷球的动作与原地掷界外球相同。

二、足球运动的战术训练

（一）足球运动的进攻战术训练

1. 个人进攻战术

个人进攻战术是队员在比赛中，为了战胜对手，完成整体进攻任务而采取的个人行动，它包括摆脱、跑位、传球、射门等。

（1）摆脱与跑位

每当队员得球时，都要发动进攻，同队队员要迅速摆脱对手，造成空当，给持球同伴创造多条传球路线，以便更好地进攻。摆脱对手紧逼，可采用突然启动、冲刺跑、急停、突然变向、变速和假动作等技术。跑位就是有目的地跑向有利的位置或空当。跑位能使自己在短时间内摆脱对手，从而接球，推进进攻。

（2）传球

传球是配合的基础，是完成战术配合并创造射门机会的主要手段。选择目标、把握时机、控制力量与方向是传好球的重要环节。

（3）射门

射门是一切战术配合的最终目的。准确、有力的射门，往往使守门员猝不及防而失球。

2. 局部进攻战术

局部进攻战术是指进攻中两队或几个队员之间的配合方法。它是集体配合的基础，其配合形式有"二过一"配合、传切配合、三人配合等。局部进攻战术通常以"二过一"配合为基础，"二过一"配合是在局部地区由两个进攻队员通过两次以上的连续传球配合，实现越过一个防守队员目的的行动。"二过一"配合包括"斜传直插二过一""直传斜插二过一""回传反切二过一""踢墙式二过一"以及"交叉掩护二过一"等方法。①

3. 整体进攻战术

（1）阵地进攻中的边路传中

边路传中是指在对方半场两侧地区发动的进攻，通过传中来创造射门机会的一种方法。此方法是利用对方边路防守人数较少、空间较大的缺点，突破防线，然后传中，由中路或异侧的同伴包抄完成射门。

（2）阵地进攻中的中路渗透

中路渗透一般有后场发动进攻、中路发动进攻、前场发动进攻三种形式。

（3）阵地进攻中的中路转移

中路转移指的是在比赛中，由于中路聚集着双方较多的队员，中路渗透不能奏效，因而将球从中路转移到边路以分散防守力量，然后再从边路突破或者传中

① 张丽梅. 体育教育的多维研究与训练 [M]. 北京：中国纺织出版社，2019.

的一种进攻战术。

（4）快攻

快攻是非常有效的一种进攻战术，主要特点就是快速，在由守转攻时对方的防守还不是很到位，通过最简单的快速传递配合来创造射门机会。快攻的主要战术有：①守门员截住对方射门的球时，快速地踢球或手抛球，从而发动进攻；②在中前场抢截到对手的球时，快速发动进攻；③在中后场获得任意球时，快速发球以创造快攻机会。

（二）足球运动的防守战术训练

1. 防守组合要素

同进攻组合要素相同，防守组合要素也根据防守队员的数量来配置，包括封堵与抢截队员、紧逼盯人队员、保护与补位队员等。防守队员防守位置不同，防守角色不同，防守的战术方法手段也不同。封堵、抢截队员主要是对攻方控球队员实施防守，紧逼盯人队员主要是对攻方插上队员和有可能接球的队员实施防守，保护与补位队员是为防守同伴提供支援帮助和对攻方突破或插上控球队员实施防守。

（1）施压

攻方队员往往会通过各种手段摆脱防守队员的盯防，也常常利用控球的优势来调动防守队员，以期获得制造射门的机会。因此，防守时，防守一方要不断采取逼、抢、夹击等手段为攻方队员施加压力，使攻方队员的活动受到限制，处于一种紧张忙乱的被动状态。施压要把握好时机与场区。施压的场区选择：一是在对方罚球区附近和中后场；二是当控球队员处于边角地区没有传球角度或传球角度较小时，除对控制球的攻方队员采取紧逼盯人防守策略外，对于附近的攻方接应队员也应同时采取紧逼盯人防守策略。

（2）回撤

由攻转守时，若有队员封堵控球队员，其他无球防守队员要尽可能地快速回撤、分离、隔断攻方队员间的联系，在回撤过程中要注视攻方进攻的局势变化和方向，不断调整回撤的位置和速度，不断压缩防守队员间的防守空间，加强防守队员间的联系，在有步骤的回撤过程中形成纵深防守体系。

（3）回位

防守队员应当对自己的防守任务有明确的意识，根据自己的防守任务和防守对象的活动，迅速回到自己的防守位置上来，以形成全队的防守纵深梯队，建立牢固的防守体系。如果不能迅速回位，则有可能造成防守体系的不严密，被攻方队员击破整个防守线。选择回位的跑动路线时，要选择有可能对攻方传射路线起到一定干扰作用的路线，特别要注意选择能干扰控球队员向自己防守对象传球的路线。

（4）追盯

攻方无球插上的队员往往是最有威胁性的队员。因此，当有攻方队员插上时，一定要迅速地追上去，特别是在中路罚球区域附近更要小心。当攻方队员摆脱后，被摆脱的守方队员要紧紧追赶攻方插上队员，形成对对方插上队员前堵后追的夹击局面，争取遏制住攻方的进攻势头。

2. 基础防守战术

（1）选位和盯人

选位和盯人是防守战术中的基础，防守队员站位时一般应处于由对手站位与本方球门中心所构成的一条直线上。一般情况下，要紧逼对方持球队员以及可能接球的队员，对离球远的对手则可采用松动盯人的方法。

（2）局部防守配合

保护和补位是局部地区集体防守的基础，队员之间应保持适当的斜线站位。当一个被突破时，另一个应立即补位，被补位队员应迅速回到补位队员的位置。

3. 全队防守战术

（1）人盯人防守

除拖后中卫外，每个队员都要盯住一个指定对手，原则上对手跑到哪里就盯到哪里，拖后中卫进行区域防守，执行补位的任务。

（2）区域盯人防守

每个队员在自己防守的区域内进行盯人防守，无论哪个对手进入自己的防区都要盯住他，一般不越区盯人，拖后中卫执行补位的任务。

（3）混合防守

混合防守是现代足球运动用得较多的一种防守方法，它是把人盯人防守和区域盯人防守结合起来的一种技术。一般拖后中卫执行补位，另外三个后卫盯人，前卫和前锋区域盯人。“全攻全守”的踢法要求在防守时，每个队员都有防守任务。混合防守战术的关键在于：①场上队员要做到延缓对方进攻；②快速回防到位，保持防守层次；③紧逼盯人，严密守住球门前 30m 区域。

第三节　体育教学中乒乓球运动的训练

一、乒乓球运动的技术训练

（一）乒乓球运动的发球与接发球

发球和接发球是乒乓球的基本技术，二者是相互推动向前发展的，发球技术的提高能促进接发球技术的提高，接发球技术的提高又能反过来促进发球技术的再提高。

1. 发球

发球是力争主动、先发制人的第一个环节，是每一个得分的开始。发球时不受对方的制约，可以选择自己最合适的站位，按照自己的意图把球发到对方球台的任何位置，用以压制对方的进攻，为自己的进攻创造有利条件。球发得好，有时在比赛中还能引起对方的紧张感，甚至导致其接球失误。

（1）平击发球

平击发球的特点：平击发球一般不带旋转。它是初学者应掌握的最基本的发球方法，也是掌握其他复杂发球方法的基础。

平击发球的动作要点：①发球时持球手将球向上轻轻抛起（不得低于规则允许的高度），同时持拍手向后引拍，大臂自然靠近身体右侧；②当球从高点下降时，持拍手以肘为轴，前臂向右前方横摆击球；③向前挥拍时，拍面稍前倾，击球的中上部；④击球后第一落点应在球台的中区。

（2）正手发奔球

正手发奔球的特点：球速快，角度大，突发性强，并向对方右侧偏拐。它是直拍推攻打法常用发球技术。

正手发奔球的动作要点：①持球手将球向上抛起后，持拍手随即向右后上方引拍，手腕放松，拍面垂直。当球从高点下降时，大臂带动前臂由右后方向左前方挥摆，同时腰也由右向左转动。②拍面触球的一瞬间，拇指用力压拍左肩，手腕同时从后向前使劲抖动，球拍沿球的右侧中部向中上部摩擦球。③发球的第一落点要靠近端线。

（3）反手发急上旋长球

反手发急上旋长球的特点：速度快，弧线低，线路长，前冲力大。它是快攻型打法的常用发球技术。

反手发急上旋长球的动作要点：①发球时持球手将球向上轻轻抛起，同时持拍手向后引拍，上臂自然靠近身体右侧；②当球从高点下降时，持拍手以肘为轴，前臂向右前方横摆发力击球；③触球时拍面稍前倾，摩擦球的中上部，使球快速前进并具有一定的上旋空间；④球离拍后，第一落点在球台端线附近。

学习者在学习发球时，应该由浅入深，由易到难。初学者可以先学习平击发球，待发球的准确性有所提高，基本上能够掌握发斜线球、直线球之后，再学习发急球、短球和左（右）侧上（下）旋的球，然后再学习用同一手法发不同旋转的球，以及其他难度较大的发球。学习进度根据各人不同情况区别对待，不必强求一致。

练习发球的步骤包括：①徒手做发球前准备姿势，模仿抛球及发球的动作。②先对墙练习发球，稍熟练后再在台前练习发球到对方台面。③同一种旋转的球先练习发斜线，后练习发直线；先练习发不定点的，后练习发定点的；先练习发长球，后练习发短球。④练习发各种旋转性能的球至不同落点。⑤练习用同一种手法发不同旋转和落点的球。⑥结合个人技术特点，练 1 ~ 2 项质量高的特长发球技术。

2. 接发球

接发球是乒乓球技术中的关键技术。由于发球权掌握在对方手中，对方可以随意将球发至本方台面的任何落点，力量、速度、旋转等也可随机变换。不同类型打法的运动员所掌握的发球种类各不相同，这增加了发球的多变性与接发球的难度。从对方发球到本方接发球时间很短，接发球者必须在极短的时间内判断清楚来球的旋转、落点，并做出相应的步法移动和回接动作等，因此，反应快、技术熟练是接发球的基本要求。一般来说，虽然接发球是被动的，但是，若技术运用恰当，往往能化被动为主动，成为取胜的关键。

接发球技术手段很多，基本上是由点、拨、拉、推、搓、削、摆短和攻球等各种技术组成的。因此，运动员只有全面地掌握各种接发球的方法，才能在比赛中化被动为主动。

（1）接发球的要点

第一，根据对方发球时的站位决定自己接发球的站位。如果对方用正手在球台右方发球则我方站位应偏右一点，如果对方用反手或侧身在球台左方发球则我方站位应偏左一些。站位偏左或偏右多是从回接对方发来的角度较大的斜线球来考虑的。站位离台远近，应根据个人习惯、打法来决定，通常为了便于兼顾接长球、短球，站位不宜太远或太近。

第二，观察对方发球前的引拍方向及球拍触球瞬间摩擦球的方向，判断球的旋转性能。如果向上则带上旋，向下则带下旋，向左（右）则带左（右）侧旋，不要被假动作所迷惑。

第三，观察发球时挥臂的动作幅度和手腕用力大小，判断球的落点长短和旋转强弱。

第四，根据发球的第一落点弧线判断来球的长短。如果第一落点短、弧线长，则发过来的是长球（急球）；如果第一落点长、弧线短，则发过来的是短球。

第五，根据球在空中的飞行弧线判断旋转。一般来说，先快后慢是下旋，先慢后快（总的来说是快）为上旋；球在空中的飞行弧线曲度大，为上旋或侧上旋；球在空中的飞行弧线曲度小，为下旋或侧下旋。

第六，看对方发球后落至本方台面后的弹跳情况。向前走得慢的是下旋，向前走得快的是上旋或不转球，向左偏飞的是左侧旋，向右拐弯的是右侧旋。

第七，记住不同性能球拍的颜色及各自的性能。

（2）接发球的方法

第一，接上旋转（奔球），用正反手攻球或推挡回接，拍面适当前倾，击球的中上部，调节好向前的力量。

第二，接下旋长球，用搓球、削球、提拉球回接，搓或削时多向前用力。

第三，接左侧上（下）旋球，可采用攻球或推挡（搓球或拉球）回接，拍面稍前倾（后仰）并略向左偏斜，击球偏右中上（中下）部位，以抵消来球的左侧上（下）旋转。

第四，接右侧下（下）旋球，可采用攻球或推挡（搓球或拉球）回击，拍面稍前倾（后仰）并向右偏斜，击球偏左中上（中下）部位。回接要点和方法与接左侧上（下）旋球相同。

第五，接近网短球，用快搓、快点或台内突击回接，主要靠手腕和前臂的力量。

第六，接转球与不转球，在判断不准的情况下可轻托一板或撇一板，但要注意弧线和落点。

第七，接不同性能球拍的发球，长胶、生胶、防弧胶的发球基本属于不转球，用相应的方法回接。

第八，接高抛发球，如球着台后拐弯的幅度大，则应向拐弯方向提前引拍。

上述各种接发球方法，只是初学者应当懂得的基本知识。至于回球落点的控制、回球时力量的运用等问题，还有待于学习者在反复练习过程中逐步研究和提高。

（二）乒乓球运动的攻球

攻球是乒乓球比赛中争取主动权和获得胜利的一项重要技术。它具有快速有力的特点，体现出积极主动、快速进攻的指导思想。运用得好能使对方陷于被动，取得优势。因此学习者必须学会全面的攻球技术。

1. 正手近台快攻

（1）正手近台快攻的特点

正手近台快攻站位近、动作小、球速快，借球的反弹力还击，能缩短对方准备回击的时间，为我方争取主动，可以充分发挥近台快攻的作用，同时也可以为扣杀创造机会，或直接得分。

（2）正手近台快攻的动作要点

左脚稍前，身体离球台 40cm 左右。击球前，持拍手臂要向右前伸迎球，前臂自然放松，球拍呈半横状。当球从台面弹起时，前臂和手腕向前上方挥动，并配合内旋转腕的动作，使拍形前倾，在球上升期击球的中上部。触球时，拇指压拍，同时加快手腕内旋的速度，使拍面沿球体作弧形挥动。击球后，挥拍至头部高度。球击出后，迅速还原，手臂放松，准备下一板击球。①

① 卢永雪，刘通，龙正印 . 体育教学技能训练 [M]. 成都：电子科技大学出版社，2019.

2. 正手扣杀球

（1）正手扣杀球的特点

正手扣杀球是比赛中的重要得分手段，一般是在技术取得主动和优势的情况下运用。它具有动作大、力量重、球速快、攻击性强的特点，在还击半高球时能充分发挥击球力量，是得分的一种重要手段，常用来对付各种机会球和前冲力不大的半高球。

（2）正手扣杀球的动作要点

左脚在前站立，击球前持拍手臂向右后方引拍，并稍高于台面，球拍呈半横状。当球弹起至高点时，上臂带动前臂由后向前挥，将触球时，前臂加速用力向左前挥击，手腕跟着移动，在高点期击球中上部，拍形稍前倾。拍触球时，整个手臂的力量应发挥到最大限度，同时腰部配合向左转动。触球点一般在胸前 50cm 左右。击球后重心由右脚移至左脚，扣杀后立即还原，准备连续扣杀。

练习攻球包括：①反复徒手挥拍练习，并结合步法一起练。②在台上用多球练习。开始自抛自攻，然后两人配合，陪练者连续送单个球，练习者正手连续攻球，先练习轻打体会动作的正确性，稍熟练后逐渐加力。③陪练者用推挡，练习者用正手攻球，先定点、定线路，然后有规律地变化落点，最后进行无规律的一点攻不同落点的练习。④对攻练习。两人先练 1/2 台右方斜线对攻，再练直线对攻。先轻打，能控制好落点后，再用中等力量，熟练后可发力对攻。对攻时先练习近台，然后练习中台或中远台，并要有一定的数量和速度。

（三）乒乓球运动的推挡、拨球

推挡球是我国直拍快攻打法的基本技术之一。它的特点是站位近、动作小、球速快、变化多。在比赛中运用它可牵制、调动对方，争取主动，在被动时可积极防御，从相持变为主动。初学者应首先熟悉球的性能并掌握击球动作，再学习推挡球，然后进一步学习变换推挡球的力量和旋转等技术。

1. 推挡技术

（1）平挡

平挡的特点和作用：平挡球球速慢、力量轻、动作简单，容易掌握，它是初学者入门应当学习的技术。初学者反复练习挡球可以熟悉球性，体会击球时的拍形变化，提高控制球的能力。在对方攻击时，挡球还能作为防御的一种手段。

平挡的动作要点：两脚平行或左脚稍前，身体离球台约 50cm。击球前，前臂与台面平行伸向来球。拍触球时，前臂和手腕稍向前移动，主要借助来球的反弹力将球挡回。

（2）快推

快推的特点：快推回球的速度快，有斜线、直线变化。在对攻和相持中运用对推两大角或突击对方空当能争取时间，使对方左顾右盼应接不暇，造成其直接失误或露出空当，为自己正手或侧身抢攻创造条件。快推一般适用于对付旋转较弱的拉球、推挡球和中等力量的突击。

快推的动作要点：①击球前上臂、前臂适当后撤引拍（动作要小）；②击球前手臂迅速迎前，在来球的上升期触球；③触球的一刹那，前臂稍外旋配合手腕外展动作，使拍面触球的中上部手臂主要向前稍微向上辅助用力。

2. 横拍反手快拨技术

（1）横拍反手快拨技术的特点

反手快拨是横拍进攻型打法常用的一项相持性技术。它具有站位近、动作小、落点变化快的特点。它虽有一定的速度，但力量较差，故应与其他攻球技术结合使用。

（2）横拍反手快拨技术的动作要点

右脚稍前，身体离球台约 40cm，持拍手臂自然弯曲，将球拍移至腹前偏左的位置，击球时前臂和手腕向右前上方挥动，同时配合外旋转腕动作，使拍形前倾，在球上升期击球中上部，击球后将球拍挥至右肩前。

横拍反手快拨技术的练习方法包括：①推挡徒手模仿练习；②对墙推挡击球练习，先不定点，后定点；③陪练者把球供到练习者反手位，练习者连续推挡，力量中等，落点不限；④陪练者发平击球到练习者左半台的不同落点，使练习者在移动中做推挡练习；⑤两人在台上对推，不限落点，只要求动作正确并能击球过网；⑥两人对推，先推中线，再推直线和斜线，逐渐加快速度，体会快速推挡动作；⑦一点推两点或不同落点；⑧陪练者攻球，练习者推挡，先定点，再有规律地变化落点，最后不定点。

二、乒乓球运动的战术训练

（一）乒乓球运动的发球抢攻战术训练

发球抢攻是我国直板快攻打法的“撒手锏”，是力争主动、先发制人的主要战术。各种类型打法的运动员普遍采用发球抢攻来抢占每个回合的上风。发球抢攻战术运用的效果主要取决于发球的质量和第三板进攻的能力。它具有速度快、突发性强的特点。

1. 正手发转球与不转球抢攻战术

一般以发至对方中路或右方短球为主，配合左方长球。开始应先发短的下旋球，以使对方不能抢攻或抢拉，然后再发不转球抢攻。不转球，一般也先发短的，或发至对方攻势较弱的一面；如果对方接球失误，还可适当发些长的到其正手。若能发到似出台又未出台的落点，则效果更好。

2. 侧身用正手发高、低抛左侧上、下旋球后抢攻战术

侧身用正手发高、低抛左侧上、下旋球的落点为：发至对方中左短、左大角、中左长、中右（向侧拐弯飞行正好至对方怀中）和右短，配合一个直线奔球。左手执拍的选手采用此套发球抢攻的战术威胁更大。一般多用侧身发高抛至对方右近网，对方轻拉至反手，可用推挡狠压（也可用侧身攻）一板直线，或直接得分，或为下板球的连续进攻制造机会；若对方撇一板正手位球，则可用正手攻一斜线至对方反手。

3. 反手发右侧上、侧下旋球抢攻战术

反手发右侧上、侧下旋球抢攻尤其适合擅长反手进攻的选手。一般多发至对方中右近网或半出台落点，然后用正、反手抢攻对方反手，也可发长球至两大角。一般发至对方正手时，对方常会轻拉直线，可用反手抢攻斜线。若发至对方反手拉，还可伺机侧身抢攻。对横拍削球手，以发至中右半出台为好。因为横握拍用正手接右侧旋球不便发力，控制能力弱。反手发右侧上、下旋球，应强调出手动作要快。对方接发球的一般规律是：你发短球，对方接球也短。发球抢攻者应具备这方面的意识。

4. 反手发急球后抢推、抢攻战术

反手发急上旋球至对方反手后，侧身抢攻。要求急球发得快、力量大、线路长，并最好能有一个直线急球配合。擅长反手推挡的选手，或遇到对方反手推攻较差的选手，可采用发急下旋后用推挡紧压对方反手，再伺机侧身攻的战术。

为了增强上述战术的效果，可与发右方小球配合运用，这样，长短互相牵制，相得益彰。

（二）乒乓球运动的接发球战术训练

接发球战术与发球抢攻战术同样重要。从某种意义上讲，接发球水平的高低可以反映运动员的实战能力以及各项基本技术的应用程度。事实上，接发球者只是暂时处在被控制状态，如果接发球者破坏了发球者的抢攻意图或者为其制造了障碍，减弱了对方抢攻的质量，也就意味着已经脱离被控制状态，变被动为主动了。控制与反控制是辩证统一的。同时还要求力争积极主动，能拉的一定要抢拉，能攻的一定要抢攻，要树立以抢拉、抢攻为主的指导思想。不管采用什么技术，接发球都要突出“快”，同时还要突出“变”，多变化接发球方法，多变化接发球的落点、旋转、速度。

接发球抢攻或抢拉是对付对方发的各种上旋球，侧上、下旋球的一种积极主动的接发球方法。当对方发球时，注意力要高度集中，判断对方发球的旋转、落点、速度，如果对方发的是长球或半出台球，则应及时移动步法，抢到最佳击球点，大胆运用抢攻或抢冲接发球战术。

用推（拨）接发球，将球接到对方弱点位置。运用这种接发球战术时，应击球速度快、弧线低、落点刁。

用搓球接发球，当对方发强烈的下旋短球或侧下旋短球时，可以快搓摆短配合快搓两角底线长球，争取抢先拉或攻。

接发球针对性要强。如果对手追身球能力差，接发球时就往追身位快点或抢冲；如果对手攻短球能力差，接发球时就快搓摆短。总之，要破坏对方的发球抢攻，为自己下一板（第四板）抢攻创造条件。

（三）乒乓球运动的搓攻战术训练

乒乓球运动搓攻战术是进攻型打法的辅助战术之一，主要是利用搓球旋转的变化和落点的变化为抢攻创造机会。这一战术在比赛中被普遍采用。搓攻战术也是削球型打法中争取主动的主要战术之一。搓攻是以快、慢搓球为过渡性手段，经过搓球的旋转、速度、落点变化，控制、组织、制造机会，进行突击扣杀、拉、冲弧圈球。这是初学者经常运用的战术。

第一，搓转与不转球，制造机会，伺机突击。利用搓转与不转球的变化配合落点，一旦出现机会，进行突击、扣杀或拉、冲弧圈球，取得主动。可以先搓加转下旋，交替用相似方法搓出不转球，择机进攻。起板时出手要快，落点要刁钻。

第二，快搓加转短球，配合快搓两大角，然后突击。利用快搓加转下旋球至左、右方近网，迫使对手贴近球台，突然又快搓至左方或右方桌角位置，利用这种时间差，再配合落点旋转变化，对方动作稍一缓慢，就抓住机会进行拉、扣、冲袭击。

第三，搓逼反手大角，变直线，伺机进攻。先用加转搓球遏住对方反手位大角度，视其准备侧身、注意力集中在反手时，突变直线伺机进攻。这种战术一般用于对付反手进攻能力不强的对手。

第四章　体育锻炼的科学理论基础

第一节　体育锻炼的科学分析

一、体育锻炼与健康

（一）健康的概念和标准

健康是人类关注的永恒主题。“健康第一”既是时代的需要、社会发展的需要，也是我国现实国情的需要。树立“健康第一”的理念，将对人类的发展、社会的进步，对我国在21世纪的改革与发展产生深远的影响。

健康的内涵一直是人们所关心和探讨的话题，不同的历史阶段对健康有着不同的理解，并赋予健康不同的内涵。人类对健康的认识是以人类的科学进步以及对人类自身的认识和了解为基础的。世界卫生组织（WHO）于1984年在其宪章中指出，健康不仅是免于疾病和衰弱，而且是保持身体上、精神上和社会适应方面的完善状态。WHO指出，“道德健康”也应该包括在健康的含义中，一个人只有在身体健康、心理健康、社会适应良好和道德健康四个方面都健全，才能算是健康的人。全面、客观地从生理、心理、社会、道德几个方面来探讨人的健康，争取健康和创造健康是现代人的健康观。就个体而言，健康的含义也变得更加宽泛而具体，其中比较有代表性的是美国学者所提出的“Health,Wellness”健康观，以及健康的身体、心理、精神、社会、智力五要素说。这样的划分反映了在一定社会发展阶段人们对健康不同层次的认识和追求。

Health意为“健康”，即WHO对“健康不仅是免于疾病和衰弱，而且是保持身体上、精神上和社会适应方面的完善状态”的定义。Wellness字面上是“良好”的意思，而从其含义上看，则更接近于一种以达到健康、幸福、财富为目标的个人健康的做法，强调个人的责任，通过能够增进健康的生活方式来实现。更确切地说，Wellness 实际上是一种能够增进健康的合理生活方式，一种积极的和高质量的生活。它的内涵更加广泛和具体，包括以下诸方面的良好状态：①社会方面，认为个体应具有顺利实现其社会角色的能力，同时不会对他人造成伤害；②身体方面，认为应通过合理饮食，进行有规律的锻炼，避免不良习惯和嗜好，参加能够预防疾病的活动，在需要的时候寻求医疗保健方面的帮助，以及在身体健康方面具有广博的知识和高度的责任感等手段来维护一个健康的体格；③心理方面，要求有理解和合作的精神，能够妥善处理日常生活中出现的问题；④智力方面，应具备能够接受新事物的开放性思维，乐于寻求新的经验和体会，勇于接受新的挑战；⑤精神方面，应能够合理平衡自身需要和外界需求的矛盾，恰如其分地进行自我评价和自我对待，与他人和谐相处。另外，也有研究认为健康还应包括职业方面，即自己喜爱且能维持生活并能够对社会作出贡献的工作。无论从事何种职业，都应具备判断性的思维、解决问题的能力以及与他人交流和沟通的能力，部分研究认为其隶属社会健康。

WHO 提出衡量是否健康的 10 项标准：①有充沛的精力，能够从容不迫地应对日常生活和工作的压力而不感到紧张；②处事乐观，态度积极，不挑剔；③善于休息，睡眠良好；④应变能力强，能适应环境的多种变化；⑤能够抵抗感冒和一般性疾病；⑥体重适当，身体匀称，站立时肩臂位置协调；⑦眼睛明亮，反应敏锐，眼睑不发炎；⑧牙齿清洁无空洞、无疼痛，齿龈颜色正常，无出血现象；⑨头发有光泽、无头屑；⑩肌肉有弹性，走路感觉轻松。

（二）体育锻炼对健康的影响

影响健康的因素是多方面的，包括生物因素、环境因素、生活方式因素和保健服务因素等。随着人们对包括“现代文明病”在内的健康问题的深入认识，相关研究者总结出维护健康的四大基石：平衡饮食、适量运动、戒烟限酒、心理健康。其中，适量运动即为科学的体育锻炼。

体育锻炼是指人们根据需要自我选择，运用各种身体练习方法和手段，并结合自然力和卫生措施，以强身健体、调节精神、丰富文化生活和支配空闲时间为目的的体育活动。体育锻炼是增进健康、增强体质最积极、最有效的方法。

二、体育锻炼、运动训练与体育教学

体育锻炼是科学地利用所掌握的体育方法，结合自然环境与卫生等因素进行发展身体、增进健康、陶冶情操的身体活动过程。体育锻炼要与运动生理规律、健身原理、个人、社会和自然环境等多方面因素相协调，以实现多领域的健康目标。①

体育锻炼、运动训练和体育教学三者既有联系又有区别。它们都是以身体练习为基本手段，要承受一定的运动量并使运动痕迹不断积累，以便不断促进身体新陈代谢，改善身体形态机能，增强体质，它们都具有教与学的因素。它们的区别主要在于：由于运动的定位不同，表现在目的、对象、内容、运动负荷及组织形式等诸多方面各有侧重。

第二节　体育锻炼的行为理论

一、体育锻炼行为的概念与模型

（一）体育锻炼行为的概念

行为是个体或集体对环境的反应，行为与生活方式密切相关。生活方式包括物质生活资料的消费方式、精神生活方式和闲暇生活方式。体育锻炼行为是在认识身体活动的基础上建立的。在《运动和锻炼科学词典》中，将身体活动解释为引起能量消耗水平超过安静时代谢率的人体运动。部分学者将身体活动定义为肌肉收缩所产生的、导致人体能量消耗增加的身体运动。随后，研究者界定了身体活动的内容分类，认为身体活动包括职业活动（工作）、家庭活动、体育教育的必修课计划（体育课）和闲暇活动（锻炼、运动、训练、舞蹈和玩耍）。

体育锻炼行为是指人们所从事的身体活动不仅具有提高或保持健康或身体素质的目的，而且是在一定的时间内经常重复的行为。明确而具体的目的性和一定的强度特征是体育锻炼区别于身体活动（体力活动）最主要的标志。但我国学者认为的体育活动范围较广泛，不仅包括体育运动项目，还包括下棋、打牌等活动强度较小的娱乐活动。这些体育活动除消耗一定的能量外，还常常带给人们一定的乐趣和精神方面的享受。

① 胡锐，张华，邓雁方 . 新时代大学体育与健康教程 [M]. 上海：上海交通大学出版社，2022.

体育锻炼是现代社会一种积极的生活方式，是现代休闲娱乐的重要方式。与其他任何社会文化娱乐和休闲方式相比，体育运动无疑具有最强的社会适应性，适当的身体运动不仅有利于人体的机体健康，还有益于人体的心理健康。现今，人们的社会生活方式以合理、自由和丰富为原则，以文明、健康、科学为主要特征。人们生活方式的突出表现就是体育锻炼与生活质量、生命价值联系得更加紧密，体育锻炼将以其独特的功能全面介入生活领域，从而真正成为生活不可或缺的组成部分。

（二）体育锻炼行为的模型

基于心理学理论，体育锻炼行为的模型有以下五种。

1. 健康信念模型

健康信念模型（以下简称“HBM 模型”）最先是在健康心理学领域提出的，之后被移植到锻炼心理学研究中。HBM 模型认为，健康行为来自心理、社会因素的共同影响，它的核心部分是一套关于健康的个人信念，这些信念调节着人们对威胁的感知，从而影响他们采取健康行为的可能性。

2. 合理行为理论与计划行为理论

合理行为理论认为，人是理智的，当他看到危险时会以一种最理智的方式作出反应，而意图是行为预测的最佳因子。计划行为理论是合理行为理论的延伸，在其理论体系中加入了行为控制变量。

3. 控制点理论

控制点理论认为，个体要对影响自己行为的因素进行评价，评价这些因素是处于自己控制之下，还是由他人或某种偶然因素所控制。

4. 社会认知理论

根据社会认知理论，个体、行为、环境三个因素是相互作用、相互影响的，个体因素中的认知、思维和情感是非常重要的部分。

5. 跨理论模型

跨理论模型从认知、行为和时间三方面来综合考虑行为的变化过程，指出不同类型的认知在锻炼行为改变过程中的不同阶段，其重要性也不同。根据跨理论模型，采用什么样的锻炼行为干预策略必须视个体行为所处的阶段而定。

跨理论模型涉及变化阶段、变化过程、决策平衡和自我效能。

变化阶段是指行为变化发生的时间维度，它根据个体过去的行为和未来的计划将锻炼行为分为五个不同阶段。

前意向阶段：没有打算在 6 个月内进行有规律锻炼，在这一阶段，个体维持着坐式生活方式。

思考阶段：在这一时期，个体想要在未来 6 个月内进行有规律的锻炼。

准备阶段：准备阶段是指产生直接参加有规律锻炼的意向（在随后的 30 天内）和承诺变化行为（有时伴随着小的行为变化，如在健身中心报名或买一双跑鞋）。

行动阶段：行动阶段是指正在进行有规律的锻炼，时间不足 6 个月，1 个星期有 3 次或更多，并且在每次锻炼时均达到或超过 20min。这是最不稳定的阶段，也是最复杂的阶段，很容易因为一些原因而中断锻炼。

保持阶段：保持阶段是指已经超过 10 个月进行有规律的锻炼。如果个体坚持锻炼超过 5 年，那么他就有可能养成终身锻炼的习惯。

变化过程包括认知过程和行为过程。认知过程的信息主要来自以往的经验，这个过程在变化早期比较重要；行为过程的信息主要来自外部环境和自身行动，其在变化后期变得比较重要。

决策平衡是指对采取体育锻炼行为的代价和所获得的收益进行评价。在从早期阶段（前意向阶段、思考阶段、准备阶段）过渡到行动阶段的行为变化过程中，决策平衡起到非常重要的作用。因此，对于锻炼计划指导者来说，帮助个体了解和认识锻炼的价值，促使他们从思考阶段进入准备阶段是极其重要的。

在整个模型中，除了变化过程外，自我效能还与变化阶段相互作用，并引起锻炼者的行为变化。

跨理论模型在锻炼行为干预领域受到了普遍的关注，被认为是一种比较理想的模式。跨理论模型包含了处于不同行为变化阶段的个人。跨理论模型认为，行为的变化是动态进行的，会受到多种因素的影响。跨理论模型提出了个体行为变化状态的不同过程，为进行锻炼行为干预提供了理论指导。跨理论模型强调除了行为会发生变化之外，还有许多其他的结果会伴随着行为变化而产生。

总之，跨理论模型可以帮助人们更好地了解自身在希望改变和拒绝诱惑时有什么样的复杂机制在起作用。而且，除可以应用于锻炼行为改变以外，这一模型还可应用于所有损害健康和促进健康的行为。

二、体育锻炼的行为特点及培养

（一）体育锻炼的行为特点

体育锻炼行为的结构因素主要包括锻炼主体、内容结构、需要动机、外部环境等。

体育锻炼行为的主体即学生自身。对于男女学生体育锻炼行为，部分研究认为，男生在锻炼次数、锻炼时间、锻炼强度等指标方面明显高于女生，这种状况可能与女生自身生理特点及传统健美观念等因素息息相关。另外，文科学生在锻炼次数、锻炼时间及锻炼强度等指标方面均低于理科学生。从体育锻炼行为内容上看，男生在高年级较之低年级时从事大球项目进行锻炼的比例有上升态势，小球项目的锻炼人数比例下降。女生在高年级时则呈现从事大球项目的人数比例急剧下降，从事小球项目的人数比例有所上升的态势。

体育锻炼行为的内部需要呈现健身需要、娱乐需要、健美需要、终身体育需要等多元化特点。学生在进行体育锻炼时，基于健身需要的比例最高。因此教育行政部门和学校要重视学生的内部需要，了解学生既想锻炼身体增进健康，又怕体育锻炼耽误学习的特点，加强引导，使学生形成积极进行体育锻炼的生活方式，切勿使学生偏离健康轨道，产生损害健康的体育锻炼行为。①

（二）体育锻炼的培养

1. 培养学生对体育锻炼的兴趣

在体育教学中，教师要善于激发学生参与体育锻炼的热情，变被动锻炼为主动锻炼。这要求教师在教学过程中要运用合理的教学方法，及时发现学生的优点，给予表扬与鼓励。教学内容应丰富、活泼、趣味性强，使每一位学生在体育活动过程中体验到苦中有乐，在艰苦的锻炼中品尝到运动的乐趣，从而使学生对体育运动保持长久的兴趣和源源不断的运动欲望。

2. 实施素质教育

教育行政部门和学校要充分关注学生的身心健康，采取切实有效的措施，真正贯彻好“健康第一”的指导思想，使学生参加自己喜爱的体育运动，增强体质，促进身心健康，培养学生真正成为“德、智、体、美、劳”全面发展的社会主义

① 朱晓菱，倪伟．体育健康与实践．上海：上海大学出版社，2021.

建设人才。

3. 充分开发和利用体育课程资源

体育课程资源的开发与利用，与学生是否能进行积极的体育锻炼行为密不可分，如教育引导（教师、家长、同学等）、体育设施、教学内容、周边环境（校外体育资源及自然地理资源）等均对学生参加体育锻炼产生很大的影响，因此，教育行政部门和学校要充分开发和利用体育课程资源，为学生积极参加体育锻炼创造良好的氛围。

4. 加强体育课程教学改革

由于学生体育锻炼行为具有依赖性强、自觉参加次数少等特点，因此教育行政部门和学校必须采取有效措施，适当增加体育课和课外活动的次数与时间。根据学校的教学条件和周边环境，多组织一些符合学生身心特点的丰富多彩的体育活动（兴趣小组），安排有特长的教师或学生进行指导，举办一些符合地方特色的、学生喜爱的体育竞赛活动来提高学生的体育锻炼兴趣，让学生每天有 1h 的锻炼时间，从而养成良好的体育锻炼习惯，为终身体育锻炼打下坚实的基础。

第三节　体育锻炼的原则、方法与计划

一、体育锻炼的原则

体育锻炼讲究科学性，不能盲目进行，不仅要严格遵循体育锻炼的基本原则，还要掌握正确的体育锻炼方法。体育锻炼原则是人们长期体育锻炼实践的经验总结，是达到理想锻炼效果所必须遵循的基本准则和原理。

（一）自觉积极性原则

体育锻炼不同于人们劳动和日常生活的一般性躯体活动，更区别于动物所具有的走、跑、跳、攀登等本能动作。人们所从事的体育锻炼是有一定的目的和意识的身体活动过程，因此要发挥锻炼者自觉积极的主观能动性。自觉积极性要求锻炼者要有明确的健身目标，懂得“生命在于运动”的道理，树立锻炼有益于学习、工作和生活的正确理念。把个人的切身需要和身体锻炼的功效与民族体质、人口质量以及国家的兴旺结合起来，这样才能更好地激发自己的锻炼热情。在这

个基础上，还应认真选择适宜的锻炼内容和方法，安排适宜的运动负荷，使身体锻炼之后心情舒畅。“体育锻炼一定是快乐、有趣的，对学生而言，体育锻炼要吸引学生主动参与”。

总之，体育锻炼的效果、信心、兴趣三者是相辅相成的，我们只有将三者密切结合才能做到积极、自觉地进行体育锻炼。定期检测锻炼效果，可以使锻炼者看到锻炼的进步，有利于增强自信心，有助于不断巩固和提高锻炼的积极性。

（二）从实际出发原则

从实际出发原则是指锻炼者根据体育锻炼的目的、内容、方法以及自身的条件，选择适宜的运动负荷。每位锻炼者的主客观条件都不相同，如性别、年龄、职业、体育基础、身体状况、生活条件、锻炼目的等，因此，在选择锻炼的内容、方法、运动负荷时要因人而异、量力而行，特别要注意运动负荷适量。

运动负荷适量是指体育锻炼时要有恰当的生理负荷。锻炼效果与锻炼时生理负荷的适宜与否有着极为密切的关系。负荷太小，机体得不到适宜的刺激，身体功能的变化不明显，锻炼效果也就不好。相反，负荷量过大，不仅不能增强体质，还会损害健康。

运动负荷大小由“负荷量”和“负荷强度”组成。“负荷量”可以通过练习动作的次数、组数、时间、距离、负荷重量等特征表现出来，“负荷强度”可以通过练习动作的速度、难度、练习的密度、练习间歇时间的长短、单次负重的大小、投掷的距离、跳跃的高度和长度等形式表现出来。量和强度要处理适当。强度大，量就要相应减小；强度适中，量也可以相应加大。适量以练习者承受得了并有一定疲劳感为限。

从实际出发，锻炼除因人而异外，还要因时、因地制宜，以达到最佳的锻炼效果。因时、因地制宜是根据外界环境的实际情况，如地理环境、气候条件、场地器材、环境卫生等，选择适合自身的锻炼内容和方法。

（三）持之以恒原则

持之以恒原则是指体育锻炼必须持续、系统地进行，使之成为日常生活中不可缺少的内容。

从生物学角度看，人的体质增强是一个不断积累、逐步提高的过程，不可能一劳永逸。人体机能水平的提高、各种运动素质的发展、运动技能的形成与巩固，都有赖于长时期、经常性的锻炼，这样才能使机体在解剖形态、生理机能、生化过程等方面产生一系列适应性变化。人体结构和机能的变化都是通过机体活动反复进行强化来实现的，体育锻炼是对机体给予刺激的过程，连续不断的刺激作用，在机体内产生痕迹的积累，这种积累使机体的结构和机能产生新的适应性，从而使体质不断增强。锻炼效应具有不稳定性，当锻炼的系统性和连续性遭到破坏时，已获得的良好锻炼效应就会逐渐消退或完全丧失，进而体质逐渐下降。贯彻持之以恒原则，应注意以下两点。

1. 安排合理的锻炼时间

锻炼间隔时间长，锻炼的效果就不明显，因此每次锻炼时间间隔要安排合理。显然，要有长期计划、短期安排，计划的安排要根据身体适应运动负荷的能力而定。

2. 养成良好的锻炼习惯

持久的锻炼不仅健身益心效果显著，而且会使锻炼者锻炼的兴趣逐渐浓厚，身心愉悦，从而养成经常锻炼的习惯。

（四）循序渐进原则

循序渐进原则是指体育锻炼必须根据人体身心发展规律和个人的实际情况，逐步优化锻炼的内容、方法、运动负荷等方面，不断改善和提高机体功能。循序渐进是人体适应环境的基本规律，人体对内外环境变化的适应是一个缓慢地由量变到质变的过程。只有遵循这个规律，才能达到良好的锻炼效果。否则，非但不能增强体质，反而会引起机体损伤和运动性疾病，损害身体健康。

1. 选择合理的锻炼内容

在锻炼内容上，根据自己的身体状况合理选择。体质较好的人，可选择比较剧烈的运动方式，如各种竞技运动项目；体质较弱的人，开始锻炼时可选择比较缓和的运动方式，如慢跑、徒手操、武术、乒乓球等；患慢性疾病的人，可选择保健体育的一些内容，如太极拳、健步走等，当体质逐渐变好时，锻炼内容也可逐步由缓和变为较为剧烈的运动。

2. 运动负荷逐步加大

机体对运动负荷的承受能力有一个缓慢的适应过程，锻炼时运动负荷要由小到大，逐步增加。开始锻炼时，时间要短，运动负荷不要过大，待机体适应后再逐步加大。如果运动负荷长期停留在一个水平上，机体的反应就会越来越小。机体机能的提高是按照刺激—适应—再刺激—再适应的规律有节奏地上升，运动负荷也应随着这种节奏来安排。生病或中断锻炼后再进行锻炼，尤其要注意循序渐进，以免发生意外。

在体育锻炼时运动负荷增加要依据10%原则。10%原则是指导锻炼者既要运用超负荷原则，又要避免因过度运动而损伤的一种监控方法。其含义为：每周的运动强度或持续运动时间的增加不得超过前一周的10%。例如，每天持续跑步60分钟，下一周要超负荷练习时，跑步的持续时间也不应超过66分钟。从事其他运动或增加运动强度也应遵循10%的原则。

（五）全面锻炼原则

全面锻炼原则是指体育锻炼应全面发展身体各个部位和各个器官的机能，提高身体素质和基本活动能力，从而达到身心全面和谐发展。人体是在大脑皮质调节下的有机统一的整体，人体各部位、各器官的机能，各种身体素质和基本活动能力之间是相互联系、相互制约的。身体素质是人体在运动过程中所表现出来的力量、速度、耐力、柔韧性和灵敏性等能力，它们是通过肌肉活动表现出来的，同时也能反映内脏器官的机能、肌肉工作时的功能情况，以及运动器官与内脏器官的配合情况。

对处于生长发育关键时期的青少年来说，全面发展尤为重要。各个运动项目对身体发展都有其独特的锻炼作用，但同时也要有一定的侧重性。锻炼的内容可结合自己的兴趣爱好选择1～2个作为每天必练的项目，同时要加强其他项目的锻炼，以弥补主项的不足。在全面锻炼的过程中还应注意心理素质的发展，如群体意识、个性发展等。

（六）安全性原则

安全性原则要求在体育锻炼过程中始终注意保护自己，做到安全第一。其主要内容包括：不要盲目参加超过自己能力的活动；每次练习前必须做好充分的准备活动；饭后、饥饿或疲劳时应暂缓锻炼；每次锻炼后，要注意进行整理、放松活动。

二、体育锻炼的方法

体育锻炼方法是根据人体发展规律，运用各种身体练习，以提高人体的身体素质和基本活动能力为目的的途径和方式。其中提高身体素质的方法主要有重复锻炼法、间歇锻炼法、连续锻炼法、循环锻炼法、变换锻炼法和负重锻炼法等。

（一）重复锻炼法

重复锻炼法是指在体育锻炼过程中，重复同一练习，从而增加负荷的锻炼方法。

重复次数的多少不同，对身体的作用也不同。重复次数越多，身体对运动反应的负荷量就越大。但如果重复次数不断地增加，可能使身体承受的负荷达到极点，乃至破坏身体的正常状态，造成伤害。

运用重复锻炼法，关键是要掌握好负荷有效价值范围（最有锻炼价值负荷量下的心率），并据此调节重复次数。在重复锻炼中，对负荷如何控制，怎样去重复才能达到理想效果的负荷程度，应视实际情况而定。

（二）间歇锻炼法

间歇锻炼法是指在体育锻炼的过程中，对多次锻炼的间歇时间作出严格规定，使机体处于不完全恢复状态下，反复进行锻炼的方法。

体质增强的过程是在运动中实现的，其实体质内部增强过程主要是在间歇中实现的，是在休息过程中取得了超量恢复。若是没有在休息中取得超量恢复，则运动就变成对增强体质毫无意义的事情，甚至起不了作用。间歇对增强体质的作用并不亚于运动本身。自古以来就有以静练身的经验，在现代科学的基础上，人类更清楚地认识到在间歇时间内机体的各种变化，从而把间歇作为一种健身的基本方法。

同重复锻炼法一样，间歇的时间也要依据负荷有效价值标准进行调节。一般说来，当负荷反应（心率）指标低于有效价值标准时，应缩短间歇时间，而在高于价值标准时，则可延长间歇时间。通过适当的间歇，把负荷量调节到负荷有效价值范围，以追求良好的锻炼效果。实践中，心率在 130 次 / 分左右时，就应再次开始锻炼。间歇时，不要静止休息，而应边活动边休息，如慢速走步、放松手脚、伸伸腰腿或做深而慢的呼吸等。这是因为轻微活动可使肌肉对血管起到按摩作用，帮助血液回流及排除代谢所产生的废物。

（三）连续锻炼法

连续锻炼法是指在运动锻炼的过程中，为了保持有价值的负荷量而不间断地连续进行运动的方法。从增强体质的良好效果出发，需要间歇就停一会儿，需要连续就接二连三地进行下去。不能仅讲究间歇，还要讲究连续，连续、间歇、重复都是在统一锻炼过程中实现的。连续、间歇、重复等因素各有其特有的作用，连续的作用在于保持负荷量不下降，并维持在一定的水平上，使身体充分地受到运动的作用。

连续锻炼时间的长短，同样要根据负荷有效价值范围而确定，通常认为在 140 次 / 分左右心率下连续锻炼 20 ~ 30 分钟，可使机体的各个部位都长时间地获得充分的血液和氧的供应，因而能有效发展有氧代谢能力。实践中，用于连续锻炼的主要是那些比较容易并已为锻炼者所熟悉的动作，如跑步、游泳等。

（四）循环锻炼法

循环锻炼法由几个不同的练习点（或称作业站）组成，练习者应按照既定顺序和路线，依次完成每点练习任务。即一个点上练习完成后，练习者就迅速转移到下一个练习点进行练习，所有练习点完成，就算完成一次循环。这种练习方法就叫循环锻炼法。

循环锻炼法对技术的要求不高，且各项目都采用比较轻度的负荷练习，因此练习起来既简单，有趣味，又可获得综合锻炼，从而达到全面发展的良好效果。

（五）变换锻炼法

通过不断变换运动负荷、练习内容、练习形式以及条件，来提高练习者的积极性、适应性及应变能力的方法称为变换锻炼法。

变换锻炼法可以有效调节生理负荷，提高兴奋性，强化锻炼意向，克服疲劳和厌倦情绪，以达到增强锻炼效果的目的。例如，刚参加锻炼时，可多做些诱导性练习和辅助性练习，随着锻炼水平的提高，再加大练习的难度，或用越野跑代替在田径场的长跑等。锻炼条件的变化可使锻炼者的大脑皮质不断产生新异的刺激，从而提高机体对负荷的承受能力，增强锻炼效果。另外，不断地对锻炼内容、时间、动作、速率等提出新的要求，可有效调节生理负荷，使机体不断产生适应性变化，从而达到更有效锻炼的目的。①

① 丁霞 . 大学生体育锻炼与户外运动 [M]. 长春：吉林人民出版社，2021.

（六）负重锻炼法

负重锻炼法是使用如杠铃、哑铃、沙袋等重物进行运动来锻炼身体、增强体力的方法。负重的方法既可用于普通人为增强体质而锻炼身体，又可用于各项运动员进行身体训练，还可用于身体疾患的康复。

常人增强体质所进行的负重锻炼，应该采用最大摄氧量和最大心排血量的负荷，因为过大的负荷可能给心血管和呼吸系统造成不良的影响。为了保证这种锻炼方法对身体的良好作用，在健身运动负荷阈值范围内可重复或连续进行。

三、体育锻炼的计划

（一）体育锻炼计划的结构

对于每一位锻炼者来说，只有制订一个合理科学的体育锻炼计划才能有效提高健康和体能水平。体育锻炼计划应适合个人需要，它一般包括健康与体能现状、锻炼目标、锻炼模式、措施与要求等四部分。

1. 了解健康与体能现状

在制订锻炼计划前，锻炼者有必要了解自身的健康与体能状况。这有助于制订符合自身实际状况的锻炼计划，有的放矢地选择锻炼方法和手段来改善身体和体能的不足之处。

2. 确定体育锻炼目标

确定锻炼目标是制订锻炼计划的重要环节，锻炼目标能促使锻炼方案的实施，进而达到目标后又能进一步提高锻炼者的自信心，使之坚持体育锻炼。在设置个人锻炼目标时，应遵循以下四点原则：①设置目标要有针对性，针对自身健康和体能的薄弱环节设置锻炼目标。②设置目标必须是现实的，也就是说通过努力能达到目标。③目标应包括短期目标和长期目标。短期目标的设置很关键，因为短期目标比较容易实施，也容易实现。④根据总体锻炼目标设置体育锻炼各个阶段的分目标，即起始阶段目标、渐进阶段目标、保持阶段目标，从而保证总体目标的顺利实现。

3. 选择体育锻炼模式

体育锻炼模式包括锻炼方式、锻炼频率、运动强度、持续时间等。

（1）锻炼方式

每一位锻炼者都应选择适合自己的运动项目作为锻炼的方式。

（2）锻炼频率

锻炼频率是指每周锻炼的次数，一般来讲，每周应锻炼 3 ~ 5 次。

（3）运动强度

运动强度是指锻炼时人体承受的生理负荷量。运动强度应根据锻炼者自身健康状况和体能状况以及所进行的运动类型来确定。

（4）持续时间

锻炼持续时间是指每次锻炼用于主要锻炼内容的总时间。锻炼持续时间不包括准备活动时间和整理活动时间。

锻炼过程可分为三个阶段，即起始阶段、渐进阶段、保持阶段。锻炼者在各个阶段应合理安排锻炼的强度、频率和持续时间。

4. 措施与要求

措施和要求主要是指保证体育锻炼计划顺利实施的措施和安全告诫。

（二）体育锻炼计划的制订

制订体育锻炼计划，目的在于使自己的学习、工作和锻炼有一个科学合理的安排，做到德、智、体、美、劳全面发展，避免盲目性和片面性。同时也便于检查锻炼效果、总结锻炼经验。

1. 制订锻炼计划的依据

（1）从实际出发

在制订计划时，要考虑主观因素和客观因素。如根据年龄、性别、体质、锻炼基础、场地、器材、气候、时间等因素，制订出切实可行的计划。通过反复实践，不断修改充实，使锻炼计划更科学、更完善。

（2）全面锻炼、循序渐进

制订计划必须考虑自己的体质条件、素质水平等，既要注意全面发展，又要注意自己的特点和弱点，既要考虑自己的爱好，又要注意锻炼的效果。在锻炼计划的内容安排上应遵循由简到繁、由易到难的原则，在运动量的安排上应遵循从小到大、逐步增加的原则，做到既科学又全面，既达到增强体质的目的，又不影响学习与工作。

（3）自我监督和医务监督

在制订和实施锻炼计划时，要注意自我监督和医务监督，最好能写锻炼日记，以便及时发现问题，及时加以调整，使锻炼计划不断完善、锻炼效果不断提高。

2. 体育锻炼计划的内容

体育锻炼计划一般可分为阶段计划、每周计划和每次计划。

（1）阶段计划内容

确定阶段计划的时间：对学生来讲，最好以学期为阶段，这样便于安排和检查。

阶段计划的任务和要求：根据每个人的情况，确定每个阶段的锻炼任务，如田径项目中的短跑、球类项目中的足球等。同时明确要求，便于检查。

阶段计划的内容和办法：根据自己的爱好和特长，结合季节的气候特点，逐项安排，并提出具体的实施办法。

阶段计划的锻炼时间：根据课表安排，确定锻炼时间。

阶段计划的检查措施：要确定切实可行的检查措施及成绩考核办法。

（2）每周计划内容

周次锻炼的任务和要求：确定本周主要发展的身体素质以及与学习相关的基本知识等。

周次锻炼时间：确定早操与课外体育锻炼的次数及每次锻炼的时间。

周次检查措施：星期六下午安排一定时间写锻炼日记。

（3）每次计划内容

确定内容：根据每周计划确定每次的锻炼项目，拟定练习的具体动作和方法、练习的时间和重复次数等。

科学分配和安排：在具体安排练习时，一般先安排重点项目。就身体素质而言，先练习速度和灵敏项目；就运动量而言，先小后大；就技术而言，先易后难；就锻炼部位而言，上下肢搭配；若有类似项目，应当间隔练习。

实施办法：主要是写出每次锻炼计划表，包括准备活动、主要内容和整理活动三个方面，并合理安排时间。随着体育锻炼的持续进行，体质也会逐步增强。因此，在运动负荷安排上，也应逐渐增加，不能总停留在同一运动负荷上。

3. 体育锻炼的内容与形式

体育锻炼的内容丰富，形式多种多样。在学校，体育锻炼内容分为体育竞技类（如篮球、排球、足球、乒乓球、羽毛球、网球等）、传统保健体育类（如武术等）和娱乐体育类（如登山、郊游等）以及各种健身操、健美操、体育舞蹈等。

体育锻炼的组织形式分为早操、课间操、课外体育活动和运动竞赛等。

科学地选择体育锻炼的内容，是获得良好体育锻炼效果的重要环节。

（1）体育锻炼内容的选择应以个人的身体特点、兴趣及需要为依据

人的个体差异很大，在选择锻炼内容时要考虑年龄、性别、身体条件、运动基础、健康状况和兴趣以及需求等方面。首先确定锻炼的目的，是健身健美还是提高运动水平，是为了娱乐、保健，还是促进身体的正常发育，然后选择能达到锻炼目的并适合自己的运动项目与形式进行锻炼。

（2）体育锻炼的内容应方便实用

体育锻炼应考虑实际条件，因时、因地进行一些既实效性强又简便易行的体育锻炼项目。所谓因时制宜，就是要根据季节气候的变化，合理安排适宜的运动项目；所谓因地制宜，就是要从实际出发，充分利用现有的场地、设备、器材等。

第五章　身体素质理论与训练方法

第一节　力量素质训练

一、力量素质的概念及作用

力量素质是指人的身体或身体的某些部分用力的能力，或指肌肉在人体运动活动中克服内部阻力和外部阻力的能力。内部阻力包括人体自身的重力、关节的加固力、肌肉韧带的黏滞性、人体内部的反作用力（惯性力）；外部阻力有重力、支撑反作用力、摩擦力、离心力、介质阻力、惯性力等。内部阻力是人体伴随用力过程发生的，它随人体的机能状态和用力动作的合理程度而变化；外部阻力是力量训练的施加因素和手段，是对人体的一种外部刺激。人体在克服这些阻力的过程中发展了力量素质。力量素质对人体运动有着非常大的影响，是人体运动的基本素质。

（一）力量素质是进行一切体育活动的基础

我们所进行的各种体育活动都是由作为主动运动器官的肌肉以不同的负荷强度、收缩速度和持续时间进行工作，进而带动作为被动运动器官的骨骼移动来完成的。如果没有肌肉的收缩和舒张而产生的力量牵拉骨骼进行运动，人们连起码的行走和直立都不可能完成，更不要说进行体育活动了。跑、跳、投掷、攀登、爬越等各种体育运动和体力劳动都离不开力量素质。一个人要想跑得快，腿部就要有较好的后蹬力，要想跳得高、跳得远就得有较好的弹跳力，要想投得远就要大力发展上肢爆发力。可以说，力量素质是人体最基本的身体素质，是进行一切体育活动和体力劳动的基础。

（二）力量素质影响并促进其他身体素质的发展

任何身体素质都是通过一定的肌肉工作来实现的，而肌肉的力量是人体一切活动的基础。力量素质决定速度素质的提高、耐力素质的增长、柔韧素质的发挥和灵敏素质的表现。首先，力量素质的增长有助于速度素质的提高，因为肌肉的快速收缩是以其力量为前提的。其次，力量素质也有助于耐力素质的增长，从生活常识中我们可以非常容易地看出，一个强壮有力的人能比身体虚弱者持续活动更长的时间。最后，力量、速度的提升会增强肌肉的弹性，促进灵敏素质和柔韧素质的发展。

（三）力量素质的水平直接影响技术动作的掌握和运动成绩的提高

力量素质是影响技术动作与运动成绩的主要因素。例如，球类运动中的各种急停、闪躲、变向、滞空，以及一些高难动作的完成都是以一定的肌肉力量为基础的；最大力量和爆发力是田径运动中除技术之外决定运动成绩的关键因素。除长距离跑外,其他田径运动项目的高水平运动成绩都与力量素质的发挥密切相关，尤其是投掷项目。

（四）力量素质是衡量运动训练水平的重要指标

力量素质在运动训练实践的过程中，往往作为判断运动训练水平、评定参加何种等级比赛的一项重要指标，作为判断某些专项运动潜力的一种重要手段，也是一些体能性运动项目选材的依据。例如，在篮球选材时往往将力量素质训练的“原地纵跳摸高”“助跑摸高”“负重半蹲”“仰卧起坐”等动作作为衡量一名训练者身体素质好坏和评价其运动训练水平的指标。

二、力量素质训练应遵循的原则

（一）力量素质训练要有系统性

力量素质训练应有计划地进行全年安排，保证训练的连续性和系统性。力量素质训练可较快提升肌肉克服阻力的能力，但一旦停止训练，力量素质消退得也较快。所以力量素质训练要按计划、逐步稳定地增加，这样既可防止伤害事故的发生，又可减慢力量素质消退的速度。每周进行 1 ~ 2 次力量素质训练，可保持已获得的力量；每两周进行 4 ~ 6 次力量素质训练，力量素质可获得增长；每周进行 3 ~ 4 次力量素质训练，力量素质可获得显著增长。

（二）力量素质训练要全面、有实用性

全面提升各肌肉群的力量，不但要提升主动肌的力量，而且要提升抗肌的力量；不但要训练大肌肉群，而且要注意训练小肌肉群和肢体远端肌群。这样不仅可以提高动作的协调性，更重要的是还可预防损伤。力量素质训练手段和专项动作应力求一致。大多数运动项目的动作结构、用力方向及参与肌肉的用力形式、工作方式、关节角度等均不相同，各有其自身的特点。因此，训练者提升力量时，要努力做到将一般力量素质训练和专项力量素质训练相结合。在安排力量素质练习时，必须对所从事的专项运动进行全面深入的分析研究。一般在比赛期，参赛者进行专项力量素质训练时，应在动作结构、肌肉工作性质、用力的动力学特征上，尽可能地与专项动作和比赛动作保持一致。但是，对处在初期阶段的训练者不宜按此要求训练。

（三）力量素质训练要有科学性

1. 要掌握正确的动作姿势和呼吸方法

进行力量素质训练时，应注意正确的身体姿势，因为在进行力量练习时不但作用于各关节的力和力矩的大小发生变化，而且力矩的方向也会发生变化，如果动作不正确，那么不仅达不到训练效果，还会造成运动伤病。

屏气有利于固定胸廓，提高腰背肌的紧张程度，提升练习时的力量，所以极限用力往往要在屏气的情况下进行。需要注意的是，虽然屏气可提升练习时的力量，但用力屏气会引起胸廓内压力增大，使动脉的血液循环受阻，导致脑供血不足，甚至会发生休克。为避免产生不良后果，训练者在进行力量训练时必须注意以下几点：①屏气用力不要过于频繁；②学会和掌握在训练过程中完成呼吸；③在完成力量练习前不应做最深的吸气；④可以采用慢呼气动作来协助用力练习的完成。

2. 要掌握正确的练习顺序、方式

不同性质的力量练习同时进行时，首先安排发展肌肉爆发力的练习，其次是最大力量练习，最后是力量耐力练习。力量素质训练时练习负荷与练习方式要经常变换，以防止身体对力量练习形成适应，削弱力量练习的效果。长时间完成相对固定的力量练习，身体会对练习刺激产生适应，这些练习就达不到训练刺激的目的。只有在训练方式不断变化的情况下，才能保证训练刺激的有效性，促进力

量素质的不断提升。为此，可采用以下方法：①在可能的范围内改变负荷重量、重复次数和完成动作的频率；②改变练习的手段与方法；③多样化发展使用的训练器材和负重方法；④改变提升各肌群力量的练习顺序。①

（四）力量素质训练要区别对待

1. 要针对女性的生理特点进行训练

女性的肌纤维比男性的肌纤维纤细，女性的肌肉质量约占体重的35%，而男性的肌肉质量约占体重的43.5%；女性单位面积肌肉为男性的96%，肌肉绝对力量为男性的60%～80%，爆发力为男性的42%～54%。此外，女性的骨骼也比男性的骨骼纤细，骨质量为男性的60%左右，骨骼的抗断、抗压和抗弯能力均较男性低。因此，女性在进行力量素质训练时，应当考虑生理特点，制订切实可行的计划，要特别注重肩带、上肢、腹部和骨盆等薄弱环节的肌肉力量素质训练。

2. 要针对学生的不同特点进行训练

学生的健康状况、身体素质、技战术风格、训练水平等都存在明显的个体差异，因此，力量素质训练的安排必须因人而异。同时，力量素质训练必须遵循渐进性和适应性原则，进行科学合理的安排，从而促进力量水平的迅速提高。

三、力量素质训练的方法

（一）不同类型的训练方法

1. 快速力量的训练

快速力量是速度与力量的综合表现，现代社会广泛将提升力量的训练作为提升速度和力量的主要途径。实践证明，爆发力是快速力量中非常具有代表性的力量形式，在很多运动项目中都有很大的用途，如篮球、足球、体操等。发展爆发力的训练方法有以下两种。

（1）快速用力法

快速用力法的原理在于速度的增长就是力量提升的标志。快速用力法有利于培养训练者的速度意识及快速运动反射的传播意识。快速用力法的练习特征是通过最快的肌肉收缩速度来克服外来力量，从而发展爆发力。

快速用力法包括小强度快速用力法和中等强度快速用力法，小强度快速用力

① 张萍．现代高校体育教学与运动训练研究[M]．哈尔滨：哈尔滨出版社，2023.

法的特点是采用30%～60%的强度，练习3～6组，每组重复5～10次，进行专门的发展练习，并使练习的结构和肌肉的工作方式尽量接近比赛动作。中等强度快速用力法的特点是用70%～85%的强度，用最大速度练习4～6组，每组重复3～6次，这种方法对提高肌肉力量的爆发性发挥着非常明显的作用。在很多运动项目中，爆发力的大小直接影响着运动成绩。因此，训练者可采用这种方法发展爆发力。另外，也可安排负荷较小但完成速度较快的练习。

（2）超等长练习法

超等长练习法实际上是结合了肌肉的退让和克制的训练方法。主要的生理机制是当肌肉被牵拉超过自身的正常长度时，肌肉出现牵张反射，即强大的克制性收缩，从而产生有效的爆发力。在进行此训练时，肌肉要先做退让工作，肌肉被极度牵拉后再尽快转入克制工作。其主要目的在于将纯力量转变成爆发力。

2. 最大力量的训练

提升最大力量的训练方法有很多种，如重复训练法、极限强度法、退让练习法、静力性练习法、极端用力法和电刺激法等。这些方法不仅能有效增大肌肉的横截面，提升最大意志紧张能力，还是提升绝对力量、相对力量的主要方法，对速度力量（包括爆发力）和力量耐力的提升也有很大的帮助。

（1）重复训练法

重复训练法的负荷特征是以75%～90%的强度进行练习，每组重复3～6次，每组间歇3min，负荷应随肌肉力量的提升而逐渐加大。训练时增加试举重量和重复次数就是力量提升的标志，在训练过程中要注意检测训练者在规定的时间内是否增加了重复次数，如果重复次数增多，则说明训练者的力量得到了提升，应适当增加负荷。

这种训练方法不仅有促进人体新陈代谢的作用，还可引起工作肌群的增长，从而有效提升肌肉的力量，发展训练者的爆发力，改进用力技术的协调性，强化支撑运动器官的机能。

（2）极限强度法

极限强度法的特点是以大的、亚极限的和极限的重量（85%～100%的强度）进行优势训练，训练时逐渐达到用力极限，之后继续用对体力来说是强的、中上的和中等强度的负荷量，直到训练者对这种刺激产生劣性或接近劣性反应为止。

极限强度法保证了肌肉用力的高度集中与绝对力量的发展，能使人在肌肉体积没有特殊增加的情况下，显著提升相对力量。

（3）退让练习法

退让练习法，又叫离心收缩法。它不是肌肉在拉长时收缩，而是在肌肉收缩的同时或收缩后被更大的外力拉长，肌肉的起止点被彼此分离。负重力量素质训练一般都包含退让练习法。退让练习法的主要作用如下：①退让练习法比动力性练习能对抗更大的阻力，能用超出克制性收缩的强度进行练习，因而能给予神经肌肉系统非常强大的刺激，达到提高力量的效果。②退让练习法与克制性练习是密切结合的，在许多情况下为主动用力（克制性收缩）创造了有利的生物条件。

安排退让练习要注意以下几点：第一，要将退让练习与克制性练习相结合。第二，必要时，可采用特殊装置进行练习。第三，由于退让练习强度大，训练时应尽量放松。第四，可采用与克制性练习相同的项目进行退让练习，强度可采用80%～120%的重量。如果用深蹲跳发展腿部的力量，那么可以负小重量进行。

（4）静力性练习法

静力性练习法是肌肉在紧张用力时其长度不发生变化的力量练习。静力性练习法不仅对提升最大力量有很大的作用，还可以发展静力性力量和静力性耐力，如举重的支撑动作。静态力量是动态力量（包括快速力量）的基础，静力性练习法正是发展静态力量的有效手段之一。

静力性练习法之所以能有效提升肌肉力量，是因为在进行静力性练习法时肌肉长度基本不变，肌肉收缩所产生的能量基本上表现为肌肉张力增大。在完成最大紧张度的静力练习时，肌肉强直收缩，即运动单位工作同步化，因此能培养和提升极大的张力。静力性练习法的特点是肌肉在工作时处于无氧运动状态，因此能量储备迅速耗尽，从而使身体迅速出现疲劳。

静力性力量素质训练一般采用较大重量的负荷，以递增重量的方法进行练习。静力性练习法既可用于提升最大肌肉的力量，也可用于增强某些薄弱肌肉群的力量，还可用于技术训练。但是，过多地使用静力性练习法会妨碍动作速度和协调性的发展。因此，使用静力性练习法只是为了克服某些肌群力量提升中的不足和适应某些静止力量的需要。进行静力性力量练习时应注意以下两点：①静力性练习法要与动力性练习相结合，并与技术动作相一致。②应先进行极限用力，然后在短促呼吸与短促屏气的交替中完成练习。

（二）不同部位的训练方法

1. 颈部力量素质训练方法

颈部肌肉力量素质训练主要是静力性对抗训练和负重训练，具体训练方法如下。

（1）头手倒立

头手倒立训练法主要是发展颈部肌肉力量。要求训练者在墙壁前，缓慢屈臂呈头手倒立状，两手主要起维持平衡的作用，两脚轻轻靠放在墙壁上，以头和手支撑体重，坚持尽可能长的时间。训练时要注意，初期应有同伴保护。为了增强练习效果，双脚可离开墙壁。

（2）背桥练习

背桥练习时，以脚和头着地支撑于地面，采用仰卧的姿势，腰腹部向上挺起，两手置于胸腹部，使身体反弓成“桥”。训练时要注意，在练习前颈部应做好准备活动。颈部力量提升时，可在腹部负重，从而增强训练效果。

（3）双人对抗

两人一组，同伴站在训练者的身后，将合适的带子或毛巾围在训练者的前额，同伴一手拉住毛巾的两端，一手扶在训练者的肩胛部，肘关节伸展。训练者两脚站稳，上体固定，向前向下低头，对抗同伴向后拉毛巾的力量。牵拉头部的带子或毛巾可以围在训练者头的前、后、左、右等不同方向，使训练者从不同的方向进行对抗练习，全方位训练颈部肌肉。训练时要注意，同伴牵拉毛巾的力量应与训练者的颈部力量相适应，反复进行，使训练者的颈部肌肉得到训练。

（4）负重训练

负重训练的主要目的在于发展训练者的颈部肌群力量。训练者在进行颈部负重练习时，可用一根绳子将重物悬挂在头上，两脚自然开立，上体前倾，背部挺直，两手分别支撑于膝关节的上部。按照不同的方向有节奏地活动颈部，使颈部前、后、左、右的肌群都能得到全面的锻炼。训练时要注意安全，初期可制作专门的头套保护头部。

2. 肩部力量素质训练方法

肩部力量素质训练主要是针对肩部肌群力量的训练，特别是针对肩部三角肌的力量素质训练。

三角肌的前部、侧部及后部共同围绕在肩部形成一个圆球。专门的力量素质训练能全面发展身体的整个三角肌。

（1）颈前推举

颈前推举的主要目的是提升三角肌和斜方肌的肌力。训练者具体可采用直立姿势或坐姿，两手握杠铃约同肩宽，握杠铃于锁骨处，手臂垂直向上伸直推起。训练时要注意，杠铃的重量要根据训练者的具体情况增加，以免对机体造成损伤。

（2）颈后推举

颈后推举的主要目的是提升三角肌后束、冈上肌和肱三头肌的肌力。训练者两手握杠铃，约同肩宽，垂直上举至手臂伸直。训练时要注意的事项与颈前推举相同。

（3）头上推举

头上推举的主要目的是发展三角肌、斜方肌、肱三头肌和前锯肌等肌群的力量素质。

训练者两脚自然站立，约同肩宽。两手各握哑铃，屈肘将哑铃置于肩上，两手正握哑铃，握距约同肩宽，提哑铃至胸，或将哑铃快速推举至头上方，而后慢慢返回原位。训练时要注意，练习的重量应逐渐增加，训练过程中应注意快举慢放。

（4）直臂前平举

直臂前平举的主要目的是发展三角肌和斜方肌的力量素质。训练者自然站立（也可采用坐姿），上体挺直，两臂伸展正握杠铃，下垂于大腿前。直臂前平举，快上慢下，再返回原位，反复训练。训练时所选用的器械可以是杠铃、哑铃或者壶铃，握器械的方法可以采用正握法或反握法。

（5）直臂侧平举

直臂侧平举的主要目的是发展三角肌和斜方肌的力量素质，训练者自然站立（也可采用坐姿），上体挺直，两手各持哑铃垂于体侧，两臂伸直侧平举，快上慢下，再还原成预备姿势，反复进行。训练时要注意的事项与直臂前平举相同。

（6）侧斜卧侧平举

侧斜卧侧平举的主要目的是发展三角肌中束的肌力。训练者在练习时，肘关节保持 100° ～ 120° 的弯曲，两侧交替进行，以利于三角肌中束发力。

（7）耸肩

锻炼斜方肌的方法是双手持杠铃或哑铃进行耸肩练习，其目的都是用斜方肌的收缩力量使两肩耸起接近耳侧。耸肩的方式有垂直耸肩、回转耸肩和斜后耸肩等。

3. 臂部力量素质训练方法

臂部力量素质训练不仅能使训练者拥有强壮有力的前臂肌群，有利于塑造健美的体形，提升握力、支撑力和完成各种训练动作的能力，还有利于提升身体各部位的肌肉力量。

（1）俯卧撑

俯卧撑训练主要用于发展肱三头肌、三角肌、背阔肌等肌肉的力量素质。训练方法为俯卧，两臂伸直，撑在约 50 厘米高的台上，屈臂，身体贴近台面，然后快速推起两臂伸直，连续做 10 ~ 15 次。在经过一段时间的训练后，可将双脚抬高或负重，以加大训练难度。

（2）坐姿弯举

坐姿弯举主要用于提升肱二头肌的力量及前臂肌群的力量。训练者两腿自然分开，坐在凳端上，一只手握哑铃，另一只手的手掌置于持哑铃手侧的膝关节上部，握哑铃的手臂充分伸展，将肘关节的上部置于膝关节处另一侧的手背上，上臂固定，慢速屈肘至胸前，然后再有控制地放下哑铃，还原成预备姿势，反复训练。训练时采用的器械还可以是杠铃、壶铃和其他便于持握的重物。要求训练者在训练时两臂交替进行，负荷重量以能完成 10 ~ 12 次为宜。

（3）坐姿腕屈伸

坐姿腕屈伸的主要目的是提高手腕肌群的力量。训练方法是训练者坐于长凳上，双脚置于地面，双脚间距略宽于肩，上体前倾，把前臂放于大腿或长凳上，正握杠铃，腕关节被动屈曲，之后向后弯举腕关节，最后还原成预备姿势，反复训练。训练中动作速度要缓慢，动作的上下幅度应尽量达到最大。

（4）站立屈臂举

站立屈臂举主要用于发展肱二头肌和前臂肌群的力量素质。具体方法为训练者两脚自然站立，两手反握杠铃，两臂伸展使杠铃位于体前。两手握距可宽可窄。固定两肘，慢速屈臂将杠铃上举至胸前，然后有控制地慢慢放下杠铃，还原成预备姿势，反复训练。训练时采用的器械还可是壶铃、哑铃，持握方法可采用正握、反握或锁握。

（5）手腕屈伸负重训练

手腕屈伸负重训练的主要目的是发展手腕和前臂肌群的力量素质。训练者采用坐姿，两手反握杠铃或哑铃，前臂分别贴在大腿上，手腕伸出膝关节外。手腕围绕冠状轴以尽可能大的动作幅度上下旋转，手腕卷曲幅度应尽量大，或者采用掌心向下的正握杠铃的方法进行手腕旋转运动练习。训练时可用哑铃进行，也可单手握短棒的一端，再令短棒的另一端负重，要求手腕向上仰起、放下或手腕做旋转动作。

（6）前臂旋内、前臂旋外负重训练

前臂旋内、前臂旋外负重训练的主要目的是提升前臂肌群和手腕的力量。具体训练方法为训练者双脚自然开立，浅半蹲，两臂屈肘前伸位于体前，两手持重物，前臂有节奏地进行旋内、旋外运动。在练习时应固定上臂，前臂围绕前臂纵轴有节奏地做旋内、旋外运动。训练熟练后可与马步相结合，在训练前臂力量的同时提升腿部的力量。

第二节　速度素质训练

一、速度素质的概念与分类

速度素质是指人体或人体的某些部位快速运动的能力。在人体与器械整体运动中，速度是指人体与器械整体快速运动的能力。速度能力包括快速移动能力、快速完成动作的能力和快速反应能力，即所谓的移动速度、动作速度和反应速度。

速度素质是指以最短时间通过一定距离的能力，以最短时间完成一定幅度动作的能力，神经冲动以最短时间通过反射弧的能力。

（一）反应速度

反应速度是指个体运动员的听觉、视觉、触觉、动觉对各种信号刺激的反应时间。这种能力取决于神经传递反射弧的灵敏性。当机体的感受器感受到刺激时，信号由感觉神经元传入神经中枢，由中枢神经发出指令，经运动神经元传至效应器，肌肉收缩产生动作，这一神经－肌肉反射过程的快慢决定了反应速度的快慢。短跑运动员起跑时蹬离起跑器的时间长短，取决于运动员听到发令枪声后“推手”和“蹬腿”的反应时间长短。优秀短跑运动员的起跑时间为 0.15s 左右。球类项目运动员的反应时间取决于视觉反应时间和动觉反应时间。如乒乓球运动员能在

0.15 ~ 0.18s 内“看”到对手的发球并迅速做出回球的动作反应。在特殊情况下，如既盲又聋的运动员，反应时间取决于其触觉等感觉的反应时间。反应速度的训练主要是充分挖掘遗传潜力，熟练掌握技术动作，集中注意力及改善专项反应时间。

（二）动作速度

动作速度是指在单位时间内完成动作的多少。动作速度包括完成整套动作的速度、完成单个动作的动作速度和动作速率。在体育运动中，整套动作是指一次完成的完整动作，如掷标枪的“最后用力”动作，自投掷臂一侧的脚着地的“转蹬”开始，经另一侧脚着地完成“满弓”形，至“转髋”—“转肩”—“鞭打”—“出手”为止，为一个整套的动作。“最后用力”过程的动作速度是指整套动作的平均速度。实际上整套动作的速度是加速度，尤其是“鞭打”动作，自躯干至手腕的“鞭打”动作是连贯的动量传递和逐渐加速过程。单个动作的动作速度是指在整套动作中完成某一动作或完成某一动作环节的动作速度，如“鞭打”动作速度、“出手”速度。动作速率是指动作的频率及单位时间内完成动作的多少。动作速度的大小取决于神经－肌肉系统的调节，取决于肌肉收缩的速度和相对力量、速度力量的大小，取决于肌肉工作的协调性和技术动作的熟练程度。力学上，动作速度包括动作的平均速度、瞬时速度、加速度及角速度、角加速度。

跳远的起跳速度是平均速度，腾起初速是瞬时速度，也是加速度。平均速度与瞬时速度是相对的，瞬时速度是单位较小的平均速度，它取决于动作时的选择。在有支撑和无支撑旋转运动中，动作速度是角速度和角加速度。掷铁饼是有支撑的旋转运动，在运动员的持饼三周旋转中，角速度是逐周增加的，至铁饼出手瞬间，旋转运动的突然停止使器械沿切线方向运动，角加速度变为线加速度，铁饼沿斜直线飞出。自由式滑雪空中技巧是有支撑和无支撑的旋转运动。虽然规则规定在跳台上转动要扣分，但是运动员空中无支撑转动的动力却来源于台面的支撑转动，首先是不对称的摆臂引起的转动，其次是通过改变沿身体横轴和纵轴转动的转动半径使纵轴转动角速度增加，从而准确地完成空中的多周转体运动。

（三）移动速度

移动速度即位移速度，通常以通过一定距离的时间或单位时间内通过的距离来表示。决定步长的因素有肢体长度、关节柔韧性和肌肉力量。腿长及髋关节柔韧性好的运动员其蹬摆的动作幅度较大，但是如果缺乏足够的肌肉力量和动作速率也不能获得较大的移动速度。决定动作频率的因素有神经支配的灵敏性、神经冲动的强度和兴奋性、肌肉收缩速度、肢体交替运动的协调性及技术动作的熟练程度。对于移动速度而言，步长与步频的最佳搭配是获得最大速度的有效途径。移动速度包括平均速度、瞬时速度、加速度、角速度、角加速度、初速度、末速度。100 米跑 10 秒是平均速度；起跑蹬离起跑器的时间约 0.15 秒是瞬时速度；100 米跑的前 30 米跑时间为 2.58 秒是加速度；跳远的助跑最后一步速度是末速度；跳远起跳腾起速度是初速度；自由泳运动员手臂的划水动作可以视为肘关节和肩关节的角位移运动，产生角速度和角加速度。

在一个项目中或在一个项目的某一动作环节中，可能同时包括反应速度、动作速度和移动速度，如起跑动作，也可能包括动作速度和移动速度，如途中跑。各种速度之间存在密切关联。

二、速度素质训练的基本要求

速度素质训练应在训练者兴奋性高、情绪饱满、运动欲望强的情况下进行，一般应安排在训练课的前半部分。

速度训练应结合训练者所从事的专项运动进行，例如，对短跑者的反应速度素质训练，应着重提高他们听觉的反应能力；对足球训练者的反应素质训练，应着重提高他们视觉的反应能力；对体操训练者的反应素质训练，应着重提高他们触觉的反应能力。各项知觉在对不同信号的反应之中，触觉反应最快、听觉反应其次、视觉反应最慢。例如，18 ~ 25 岁的男子对声音的反应需要 0.14 ~ 0.31 秒，对光的反应需要 0.20 ~ 0.35 秒，而触觉反应仅需要 0.09 ~ 0.18 秒。[①]

速度提高到一定限度时，常会出现进展停滞、难以再提高的现象，此现象称为速度障碍。产生速度障碍的客观原因是技能动力的定型，人的技术动作的空间、时间特征都趋于稳定；随着运动水平的提高，人的神经过程灵活性的改进和肌肉收缩所需要能量的提供会遇到更大的困难，向前移动所需要克服的阻力也更大。

训练者在出现速度障碍时，可采用牵引跑、变速跑、下坡跑、带领跑、顺风跑等手段加以克服。

① 杨卓．现代运动训练内容分析与创新方法研究 [M]. 北京：中国商务出版社，2018.

三、速度素质训练的方法

（一）反应速度素质训练

听口令转身起跑：训练者背向起跑线，采用蹲踞式、坐式或站式等起跑姿势，当听到口令后立即转身启动向前冲刺跑。

看手势起跑：以手势代替起跑口令，训练者看到手势后立即启动向前冲刺跑。

视听信号变速冲刺跑：训练者在慢跑过程中，第一次看到或听到信号后立即向规定的方向进行冲刺跑，第二次得到信号后恢复慢跑，第三次得到信号后再开始冲刺跑，反复进行练习。

（二）动作速度素质训练

1. 快速跑跳台阶练习

1 级台阶快速小密步上下往返跑：训练者选择有一定长度的台阶，以最快的小密步频率，从台阶底层一步一级地跑到顶层，然后迅速转身，再以同样的频率和方法跑回底层，如此往返，反复进行，以此发展腿部力量和动作速度。练习时，要以前脚掌和踝关节发力，抬腿的高度以脚刚刚越过台阶高度为宜，以免影响动作速度。

2 ~ 3 级台阶交叉蹬跨步跑：训练者选择有一定长度的台阶，以最大的步幅，由下往上冲跑，每步跨越 2 ~ 3 个台阶。前腿充分抬高，后腿充分后蹬，要有一定的弹性和节奏，以此发展腿部力量。

1 级台阶单脚快速跳：训练者选择有一定长度的台阶，以单脚快速地由台阶底层一步一级地跳到顶层，然后跑回底层，再换另一只脚跳，如此反复进行。此练习应注意动作频率要快。

2. 下坡冲跑练习

训练者选择平坦、有一定倾斜度的坡面，进行短距离下坡冲跑练习，强迫自身加快步频交换。

3. 快速超越障碍物练习

训练者以规定的动作方式，快速迂回绕过 60 米距离中放置的障碍物，或以快速跨越动作越过有一定高度的障碍物。

（三）移动速度素质训练

1. 不同距离的直线冲跑练习

10 米冲刺跑：培养训练者从静止到迅速加速的能力。

30 米加速跑：培养训练者起动后速度持续加快的能力。

60 米途中跑：培养训练者将达到最快速度并保持一定距离的能力。

100 米冲刺跑：培养训练者途中跑的速度不仅不下降，还要尽可能有所加快的能力。

200 米、400 米中距离跑：此项练习是提高训练者速度和耐力的有效手段。

2. 往返冲跑练习

往返跑：采用 5 米、8 米、10 米或 15 米不等的距离进行数次来回冲跑的练习。要求训练者接近终点时不降低速度，保持最快的速度并立即转身返跑。应注意的是，为了保持速度不减慢，冲跑的距离不宜过长，往返的次数也不宜过多。

10 米前后冲跑：训练者从起点快速跑至终点，再由终点快速后退跑至起点，如此反复练习。

10 米左右侧向并步跑：训练者在练习时可采用两种姿势，一种是以直立的姿势跑，另一种是以半蹲的姿势跑，两种姿势都要求训练者以最快的速度完成。

3. 接力跑练习

第一，把训练者分成若干组，各组人数相等。听到口令后各组的第一人开始向终点冲跑，跑至终点后迅速绕过标志物往回跑。跑回起跑线时迅速拍击下一位同伴，同伴以同样的方式开始冲跑，以此方法持续练习，最先跑完一轮的小组获得胜利。

第二，将参加训练的训练者分成两组，在地上画两条平行线，两线之间相距 2m。各组训练者保持一定的距离，沿画线站成纵队。听到起跑命令后，站在队尾的训练者拿球以蛇形的路线依次绕过本组队友跑到队前，再立即把球抛给本组的最后一人。接到球的训练者做同样的蛇形跑，组内训练者依次进行。率先完成传球并在跑的过程中未触及本组队友的小组获胜。

四、速度素质训练的注意事项

（一）速度素质训练的一般注意事项

速度素质的发展受多种因素的影响。为了有效提高人体的快速运动能力，在练习中必须注意如下事项。

1. 合理安排速度素质训练的顺序与时间

各种身体素质及运动能力之间，具有相互联系、相互促进和相互制约的关系。在发展某一素质的同时，都会或直接或间接地引起其他素质的变化。因此，发展速度素质时应处理好与其他素质的关系，合理安排练习的顺序，使各种素质互相促进和良性转移。

在速度练习中，常使用提升力量的手段来提升速度，尤其是静力性力量练习，动作缓慢会降低神经和肌肉的灵活性，而速度素质要求神经过程的灵活性高，兴奋与抑制转换迅速，肌肉收缩轻松协调。因此，速度练习应放在力量练习之前进行，力量练习也应以动力性力量练习为主。在进行力量练习的过程中，应交替安排一些轻松、快速的跑跳练习，或安排一些协调性和柔韧性练习，这对发展速度素质十分必要。

速度素质训练的时间应安排在训练者身心状态最佳、精力最充沛的时候。因为人体产生疲劳后神经过程灵活性会降低，兴奋与抑制的快速转换不可能建立，在这时发展速度素质效果不好。

2. 速度素质训练与专项技术相结合

速度类练习对本身练习之外动作速度发展的迁移效果较低，也就是说，速度练习只是更多地局限于诱发练习动作本身的速度能力。因此，速度练习需要结合专项技术动作要求进行，具有较高的专门性。如对短跑训练者的反应速度素质训练应着重提高其听觉的反应能力，球类运动训练者的反应速度素质训练应着重提高其视觉的反应能力。动作速度素质训练应与各专项的技术要求相结合，让训练者感觉到躯干等各部位的协调配合及在空间、时间方面的速度节奏，提升专项技术所需要的动作速度的能力。

3. 保证体能训练的环境安全

训练环境须保证安全，训练者在速度素质训练开始前应进行充分的准备活动，同时保证速度素质训练后的充分休息和身体恢复。当进行速度练习时，如果训练者所发出的力量及动作速度、动作幅度超过了最大限度，那么将给自身带来巨大的危险。速度练习中的负荷对训练者的肌肉、肌腱和韧带提出了很高的要求，因此运动创伤发生的潜在风险很高。对任何进行速度练习的训练者来说，在比赛或训练前认真进行专门的准备活动是最基本的要求。此外，在早晨的训练时间里应该注意不要安排最大强度的速度练习。如果训练者肌肉出现疼痛或痉挛等迹象，那么训练就应该停止。在气温较低的天气，应当选择恰当的服装（运动服），还应采用按摩和放松练习等训练手段，如果在皮肤上涂擦强效物质来促进血液循环，那么必须使用经过有关医疗卫生部门批准的物质。另外，训练者还需要在保障场地设施安全的条件下进行速度训练。

4. 从体能训练者的实际情况出发

训练内容的安排要充分考虑训练者的训练水平和身体状态的可接受程度，在速度练习之间要保证训练者的身体疲劳可以完全恢复。应注意采用正确的技术动作和练习内容之间循序渐进的衔接顺序，先慢后快，先易后难。

人体适宜的工作状态对发展速度素质是十分必要的，其中包括神经系统的适宜状态、内脏系统的适宜状态和肌肉系统的适宜状态。这种适宜状态可以通过集中注意力和在进行速度练习前用强度较小并持续一段时间的活动来得到满足。训练者集中注意力，可使神经系统处于适宜的兴奋状态，并使肌肉保持一定的紧张度。而强度较小并持续一段时间的活动能强化中枢神经系统的功能，使内脏系统与肌肉系统间形成适宜的相互关系，对改善肌肉的协调性具有良好的作用。

5. 速度能力与其他能力协同发展

力量，特别是快速力量和柔韧性，是影响速度素质的重要因素。所以在发展速度素质时，首先，要注重发展快速力量素质。如进行中小强度重复的快速负重练习，使肌肉横断面和肌肉力量增大，并提高肌肉活动的灵活性。适当进行大强度的练习，使肌肉用力时能够最大限度地动员更多的肌纤维同时收缩，提高肌肉的收缩能力。其次，柔韧性提高后可以增加力的作用范围和时间，同时使肌肉的协调性得到改善，从而减小肌肉阻力并增大肌肉合力，最终实现运动速度的提高。

（二）各类型速度素质训练的注意事项

1. 反应速度素质训练的注意事项

（1）动作熟练程度

反应速度主要取决于训练者对应答信号的熟练程度。对动作娴熟、运用自如的训练者来说，在运动中一旦信号出现，他们就会立刻做出相应的应答动作。反之，则会做出延迟的反应动作。这是由于感受器受到信号刺激，中枢神经无须再花费较长的时间去沟通与运动器官的反射联系。因此，提高反应速度的最好方法就是反复练习。但在反复练习中，需要经常不断地变化刺激的时间和强度等因素，否则便会形成反应速度的动力定型，继而出现反应速度障碍。

（2）集中注意力

在运动中，保持注意力集中可使神经系统处于适宜的兴奋状态，并使肌肉收缩处于准备状态。肌肉处于准备状态时，要比肌肉处于松弛状态时的反应速度快60%左右。进行反应速度练习时，肌肉在准备状态下的反应时间大约为1.5秒。这里所说的注意力主要反映在完成的动作上，以及缩短反应潜伏期的时间上。

（3）掌握多种技能

反应速度应结合实际需要进行练习。例如，练习短距离起跑时，主要是练习听觉－动觉的反应速度，可采用声信号刺激来提高这种反应能力。又如，格斗类项目动作复杂多变，这就要求训练者能在瞬间对各种复杂多变的条件做出迅速应答反应，为了达到这一要求，可多模拟实战演练或比赛的情况。因为格斗时对方所采用的动作变化只有在激烈的对抗中才能充分地表现出来，而评价反击对手的应答动作是否有效，需要在对抗中检验。

2. 动作速度素质训练的注意事项

（1）采用的动作应是熟练掌握的

采用已熟练掌握的练习动作，可以使训练者在完成动作时，不要把精力放在如何完成动作上，而是把精力集中在完成动作的速度上，从而强化动作速度的练习效果。

（2）掌握好练习的间歇时间和休息方式

练习动作速度和强度比较大，要求训练者必须有较高的兴奋度。为了保证整个练习过程不因疲劳而降低运动的强度，并达到预期的练习效果，就需要训练者严格掌握练习的间歇时间和休息的方式。因为间歇的持续时间决定着中枢神经系统兴奋的转换程度，以及与氧债的“偿还”有密切关联的植物性功能指标的恢复程度。间歇时间一方面应该持续到植物性功能指标能得到全面恢复的程度，另一方面应该短到神经兴奋不会因休息而产生本质性降低的程度。

（3）动作速度练习需要与练习项目相似

如果训练者采用了与练习项目或动作结构不相同的动作速度练习，那么其所获得的动作速度不会积极地向练习项目或动作结构转移。例如，短距离跑练习可使体操跳马项目训练者的助跑速度加快，但其并不能由此而获得身体旋转动作速度的加快，这是因为旋转动作速度和短距离跑动作速度的练习与对方的感受器官及运动器官缺乏一致性。短距离跑动作速度仅仅是提高水平速度的水平运动，而旋转动作速度则是物体围绕一个轴或点所做的圆周运动。只有将两者有机地结合起来进行练习，才能达到预期的练习效果。例如，球类运动的反应练习可把视觉与四肢运动结合起来，格斗运动应把判断出的对手的动作与自己的攻防动作结合起来。训练者通过简化条件的反复练习，既可以提高反应速度和动作速度，又可以掌握正确的技术动作，并协调速度的运用。

3. 移动速度素质训练的注意事项

（1）防止和克服速度障碍

当移动速度达到一定水平时，神经、肌肉系统等发展到一定程度后，在练习中积累、形成的步频、步幅、技术、节奏等就会产生相对稳定的状态或动力定型，继而出现移动速度停滞。其继续提高受到阻碍的现象，即速度障碍。产生速度障碍的客观原因有以下几点：从运动技能形成的规律上讲，技能动力定型的形成，使训练者在已掌握技术动作的空间特征上固定下来，在时间特征上稳定下来；从技能形成的机制上讲，神经的灵活性对速度练习的作用比对其他练习的作用更为重要，而神经的灵活性练习难度是很大的；从能量供给上讲，肌肉收缩所需要的能量值的立方与肌肉收缩的速度成正比；从运动学上讲，人体向前移动所克服的阻力与其前进速度的平方成正比。由此可见，产生运动障碍的主要原因是：训练者过早地发展绝对速度，基础练习不够；技术动作不合理；训练手段片面、单调；负荷过度、恢复不当；等等。

（2）预防和克服心理障碍

心理障碍是妨碍训练者发展快速移动能力或潜力的主要因素之一。如训练者难以预测自己能否成功，因而自信心较弱；训练者的消极思维导致其过度紧张和焦虑，使其感觉提高成绩是不可能的事。

（3）注重肌肉放松的练习

肌肉的放松对速度的加快有着极为重要的作用。这是因为肌肉放松，张弛有度，能够减少肌肉的内阻力，增强肌肉合力，促进血液循环。当肌肉紧张度为60%～80%时，会严重阻碍血液流动，致使动作协调性严重失控，已具备的快速素质也将无法展现，而肌肉放松时，肌肉中的血流情况则大为改善。由于血液循环旺盛，能够给参加运动的肌肉输送大量的氧气，加快三磷酸腺苷（ATP）的再合成速度，节省能源物质，使人体储备有限的 ATP 得到合理的利用，有效加快肌肉收缩。

第三节　耐力素质训练

一、耐力素质的概念及分类

（一）耐力素质的概念

耐力素质是指人体在较长时间内，保持特定强度负荷或动作质量的能力。耐力、力量和速度这三种素质的结合，表现为力量耐力和速度耐力。训练者长时间工作的心理耐受程度、运动器官持续工作的能力、能量物质的储备情况、长时间工作时有氧代谢的能力、掌握运动技术的熟练程度和功能节省化的水平等对耐力水平具有重要作用。训练者耐力素质越高，抗疲劳的能力就越强，保持特定负荷或动作质量的时间也就越长。耐力素质对各个项目的训练者来说都是重要的基础素质，而对那些以有氧代谢为主要供能来源的项目来说，它对提高训练者的运动成绩有直接的意义。因此，耐力素质是获得好的运动成绩的基础条件，耐力素质训练应根据专项需要，采用适宜的训练手段和方法进行。

（二）耐力素质的分类

1. 训练学分类体系

从训练学角度来分，耐力素质可分为一般耐力和专项耐力。

（1）一般耐力

一般耐力是一种多肌群、多系统长时间工作的能力。无论专项特点如何，良好的一般耐力都有助于各种形式的训练取得成功。但是，一般耐力是不同形式耐力的综合表现，对不同的运动项目来说，项目特点决定了对其有不同的要求。因此，在进行一般耐力训练时，应充分考虑一般耐力与专项耐力之间的关系。

（2）专项耐力

专项耐力是指训练者的身体为取得专项成绩而最大限度地利用机体的能力，以及克服因专项负荷而产生的疲劳的能力。专项耐力取决于专项运动的特点，训练者在进行训练和比赛时都能体现出这种能力。

2. 生理学分类体系

从生理学角度来分，耐力素质可分为心血管耐力和肌肉耐力。而心血管耐力又包括有氧耐力、无氧耐力、有氧与无氧混合耐力。

（1）有氧耐力

有氧耐力是指人体在氧气比较充足的情况下，坚持长时间工作的能力。有氧耐力训练的目的在于提升训练者人体输送氧气的能力，促进人体的新陈代谢，为今后运动负荷的增加创造条件。如大多数球类项目和田径运动中的马拉松、越野跑、长跑、长距离竞走等项目中所需要的耐力。

（2）无氧耐力

无氧耐力是指身体在氧气供应不足的情况下，能坚持在较长时间内工作的能力。无氧耐力训练的目的在于提高训练者身体承受氧债的能力。如体操、短距离游泳，以及田径运动中的短跑和大多数投掷、跳跃项目所需要的耐力。

（3）有氧与无氧混合耐力

有氧与无氧混合耐力是介于无氧耐力和有氧耐力之间的一种耐力。它的特点是持续时间长于无氧耐力而短于有氧耐力。就像大多数对抗性项目，如拳击、摔跤、柔道、跆拳道，以及田径运动中 400 米、400 米跨栏和 800 米等。

二、耐力素质训练的基本要求

（一）耐力素质训练前的饮食

训练者最好在进行运动训练之前 1h 进食。训练与进食的间隔时间不能少于 30 分钟，否则运动会给肠胃增加负担，使身体产生不适感。运动前进食的食物要求体积小、易于消化，不要吃含纤维多的、不易消化的粗粮、杂粮及易产气食物。根据能量供应的原理，进行耐力素质训练前可适当增加蛋白质与脂肪的摄入量，严禁训练者不进食就进行耐力素质训练，因为这样很容易造成低血糖，甚至发生事故。

（二）应当重视耐力素质训练前的准备活动

耐力素质训练前的准备活动应持续 20 分钟以上。准备活动以慢跑为主，可加上一些比较轻松的游戏或全身运动，不要做剧烈的对抗性活动。这主要是为了提高体温、内脏功能的稳定性和植物性神经系统的兴奋性，降低它们的惰性。

（三）耐力素质训练应当注意选择正确的运动姿势和呼吸方式

目前，耐力素质训练还是以较长距离跑为主。要想在跑的过程中更加省力，同时减少能量的消耗，就需要在奔跑时采用正确的运动姿势，跑的动作要求大腿前摆较低，身体腾空低，步幅较小，但步频要快，脚着地时多采用滚动着地，重心起伏小，平稳推进，双臂的摆弧较小，不超过身体中心线，高度一般不超过肩。耐力素质训练中的呼吸方式对跑步能力具有决定性的作用。在中长跑中，为了达到所需要的肺通气量，呼吸必须有一定的频率与深度。呼吸过浅，为了满足需氧量就要加快呼吸频率，这样会加速呼吸肌的疲劳。呼吸过深，不仅要靠呼吸肌工作，还要靠胸腔和腹部的肌肉工作，因而这些肌肉疲劳得更快。呼吸适宜的深度约为个人肺活量的 1/3，只要呼吸肌工作即可。为了获得必要的通气量，必须嘴呈半张状态，和鼻子同时呼吸，呼吸的节奏由个人习惯和跑速决定。一般呼吸的节奏有以下几种：①两步吸气和两步呼气，四步一个呼吸周期。②一步半吸气和一步半呼气或两步吸气和一步呼气，三步一个呼吸周期。③一步一吸气和一步一呼气，两步一个呼吸周期。

（四）专项耐力素质训练要以一般耐力素质训练为基础

专项耐力素质训练要以一般耐力素质训练为基础，也就是说，无氧耐力的发展建立在有氧耐力提高的基础之上。训练者在通过有氧耐力素质训练后，其心脏增大，每搏输出量增加，为无氧耐力的发展打好了基础。如果训练者一开始便进行无氧耐力素质训练，则会使心肌增厚，虽能增强心脏收缩能力，但每搏输出量却难以增加，这样会影响全身血液的供给，对耐力发展产生不利影响。

（五）发展耐力素质要适当控制体重

耐力素质训练中，训练者要严格要求自己做好技术动作，并适当控制自己的体重。训练者若身体内的脂肪过多，则会增大自身的肌肉阻力，而身体摄氧量的相对值也会随体重的增加而下降。训练者一旦体重过重，身体消耗的能量也必然增加，并会影响耐力素质的发展。

（六）挖掘自身潜力磨炼意志品质

耐力素质训练需要一定的负荷，它是在克服身体疲劳的情况下所表现出来的一种运动能力，训练者如果不能克服意志上的障碍，不能吃苦耐劳、坚持到底、顽强拼搏，就很难从心理上接受耐力素质的训练。因此，训练者需要不断挖掘自身潜力，磨炼意志品质，并不断通过自我暗示、自我激励，产生或增强克服困难的内驱力。

三、耐力素质训练的基本方法和负荷安排

（一）耐力素质训练的基本方法

1. 持续训练方法

持续训练方法是指训练者以比较一致的强度不间断地进行长时间练习的方法。此方法的主要功能是提高长时耐力水平。此方法的特点：可提高体内游离脂肪酸的储备水平，有助于提高体内有氧代谢能量物质的含量；在负荷时间为长时耐力Ⅰ、Ⅱ级范围内，安排心率为 165 次 / 分钟的负荷强度进行训练（在此强度下，负荷总时间也可延长到 30 分钟以上），这对提高肌糖原的代谢水平和储备量都具有实际价值，同时有助于加强心血管系统的功能；在负荷时间为长时耐力Ⅲ级时，安排心率为 150 次 / 分钟的负荷强度进行训练（在此强度上，负荷时间也可延长到 90 分钟以上），这对改善人体心血管系统的机能及提高人体脂肪代谢的水平具有重要意义。

2. 间歇训练方法

间歇训练方法是指在相对固定的条件下，严格按照规定的间歇时间休息并进行反复练习的方法。它与重复训练方法的最大区别是对间歇时间加以严格的规定。此方法的主要功能是提高中时耐力水平。此方法的特点是：间歇时间以运动后心率恢复到 120 次 / 分钟为确定具体间歇时间的主要依据，具有严格的指标；对于提高人体心脏每分输出量的影响最大，可显著提升心肌收缩能力，提升心脏输送血液的能力；对于提升中时耐力、长时耐力Ⅰ级耐力具有较高的训练价值；在较高强度的负荷下，通过分段持续负荷和不断缩短间歇时间的方法，可有效地提高专项耐力的水平。此方法的不足之处：初级训练者不宜过多采用；不易掌握负荷量；实践中倘若运用失当或负荷间歇掌控不好，易出现速度障碍。

3. 重复训练方法

重复训练方法是指训练者在相对固定的条件下（不改变动作结构和负荷），按照一定的要求反复进行练习的方法。此方法的特点有：重复训练的平均负荷强度最大，每次重复练习的时间不长，间歇时间要求不严，一般以不影响下次重复练

习的强度为原则；练习的动作结构固定；对于提高肌肉中三磷酸腺苷（ATP）、磷酸肌酸（CP）和肌糖原的含量颇为有效，可取得明显的超量恢复效果。持续时间为 6 ～ 8 秒，强度为最高的运动负荷下，对提高 ATP、CP 等能量物质有利；持续时间为 6 ～ 30 秒，强度为较高的运动负荷下，对提升无氧糖酵解能力及无氧耐力有利；持续时间为 30 秒～ 2 分钟，强度安排偏高，对提升以无氧糖酵解能力为主的混合供能能力有利。显然，耐力训练的每组负荷时间至少应安排 30s。

（二）耐力素质训练的负荷安排

耐力素质训练负荷等级的划分较为复杂，它主要根据耐力素质的负荷时间、负荷强度与能量代谢的关系进行分类，并辅以外部负荷指标。在发展耐力素质上，根据短时、中时、长时耐力的划分标准，有针对性地采用相应的某一等级负荷指标，科学地制订训练计划，合理地安排运动负荷，有效地实施训练是耐力素质训练的关键。其中，认识耐力素质运动负荷的各级生理指标，是科学制订训练计划、合理安排运动负荷、有效实施训练的主要依据。

1. 短时耐力负荷安排

短时耐力的训练负荷应以体现明显的无氧供能为特点，以提高肌糖原、血糖及身体抗氧债能力为目的，其练习过程应引起强烈的无氧代谢反应。短时耐力的负荷强度多以耐力等级中的次高强度级为主。因此，其生理负荷指标应体现出氧债高、乳酸量大、心率快的特点。为此，负荷的持续时间可根据训练目的，在 30 秒～ 1 分钟之间选择。练习次数则依训练水平、强度的变化而变化。各次练习的间歇时间可以按身体充分恢复或不充分恢复两种方式安排。组织方法：对初学者而言，应以重复训练方法为主，间歇时间以充分恢复为安排原则；对训练有素的训练者或高阶训练者而言，其练习方法的安排较为复杂，但多以重复训练方法、强化性间歇训练方法，以及比赛训练方法为主。

2. 中时耐力负荷安排

中时耐力的负荷时间通常为 1 ～ 8 分钟。显然，中时耐力素质的训练最为复杂。许多项目的比赛时间或局赛时间都在这一时间范畴，因此进行中时耐力训练至关重要。中时耐力的运动负荷安排应以鲜明地体现无氧、有氧代谢混合供能为特点，以提高肌糖原和肝糖原水平、无氧和有氧糖酵解释能水平为目的。中时耐力负荷强度所跨的级别较多，因此必须具体问题具体分析。一般来说，中时耐力比赛负荷强度、持续时间越接近短时耐力项目的性质，其运动负荷强度的性质就会越接近以无氧代谢为主的特点。[①] 中时耐力训练的组织方法同样比较复杂，中时耐力的组织训练，往往根据训练水平、专项特点、训练目的，通过采用不同的变化负荷元素的方式训练达到目的。实践中，不同的变化负荷元素的负荷安排有如下几种典型的方式：①负荷强度、时间、数量以及间歇时间均恒定，主要用于适应性训练；②负荷强度、时间、数量恒定，间歇时间缩短，主要用于分段后整体衔接的耐力训练；③负荷强度加大，负荷时间、数量以及间歇时间均恒定，主要用于提高负荷强度的训练；④负荷时间、数量增加，负荷强度、间歇时间恒定，主要用于提高负荷量的训练。显然，这些方式所要达到的目的是不同的，因此训练者应根据训练过程不同阶段的任务和自身的实际水平，科学地安排不同的负荷。

3. 长时耐力负荷安排

长时耐力训练的负荷安排，应体现以有氧供能为主、无氧代谢为辅的特点，应以提升人体糖原储备量、有氧糖酵解能力、最大吸氧量、游离脂肪酸含量及其氧化能力为目的。

第四节　柔韧素质训练

一、柔韧素质的概念和分类

（一）柔韧素质的概念

柔韧素质是指人体各个关节的活动范围，以及肌肉、韧带的伸展能力，即人体一定关节大幅度完成动作的运动能力。柔韧素质包括两个方面的含义：一是关节活动幅度的大小，二是跨过关节的肌肉、肌腱、韧带等软组织的伸展性。关节的活动幅度主要取决于关节本身的结构。跨过关节的肌肉、肌腱、韧带等软组织的伸展性，则主要通过合理的训练来获得。此外，在进行柔韧素质训练时，训练者还应了解柔韧素质与柔软性二者的区别，即柔韧素质要求柔中有刚、刚柔并济，而柔软性只是柔与软的结合，柔中无刚、刚柔不济。柔韧素质是保障运动员在各

① 李兴昌．体育运动科学理论探索 [M]. 长春：吉林美术出版社，2020.

种运动项目中提高运动技能的主要因素之一。

（二）柔韧素质的分类

柔韧素质的分类方法有很多，这里主要介绍以下几种。

1. 根据柔韧素质与训练的关系分类

（1）一般柔韧素质

一般柔韧素质是指适应于一般身体、技术、战术等训练所需要的柔韧素质。不同的体育运动项目或不同体育运动项目的各个动作对身体各主要关节部位的活动范围有不同程度的要求，因此往往将身体最主要关节的活动能力视为一般柔韧素质。

（2）专门柔韧素质

专门柔韧素质是指专项训练所需要的特殊柔韧素质，它是掌握与提高专项训练技术不可缺少的一项身体素质。它建立在一般柔韧性的基础上，并由各专项动作的生物学结构所决定。

2. 根据完成柔韧素质训练时的动作方式分类

（1）主动柔韧素质

主动柔韧素质是指训练者依靠相应关节周围肌肉群的积极工作，完成大幅度动作的能力。主动柔韧性不仅涉及对柔韧性有直接影响的能力，还涉及力量素质的发展，力量素质的发展能够提高主动柔韧性水平。

（2）被动柔韧素质

被动柔韧素质是指借助外界的力量使身体各关节的灵活性达到最大限度的一种能力。被动柔韧素质是发展主动柔韧素质的一种潜在能力，它是发展主动柔韧性的基础。

3. 根据柔韧素质的表现和身体状况的不同分类

（1）动力性柔韧素质

动力性柔韧素质是指依据动力性技术动作的需要，将肌肉、肌腱、韧带等软组织拉伸至解剖学所允许的最大限度，随后再利用强有力的弹性回缩力完成技术动作的一种能力。

（2）静力性柔韧素质

静力性柔韧素质是指根据静力性技术动作的需要，将肌肉、肌腱、韧带等软组织拉伸至动作所需的位置角度，并能够控制其停留在一定空间所表现出来的一种能力。静力性柔韧素质是动力性柔韧素质的基础。

二、柔韧素质训练的基本要求

（一）柔韧训练要控制好其发展水平

很多体育训练虽然对柔韧素质有一定的要求，但是一般来说训练者没有必要使柔韧素质的发展水平达到最大限度，柔韧素质的发展只要控制在确保顺利完成必要的技术动作即可，因为过分发展超过关节解剖结构限度的灵活性，会引起关节和韧带的变形。当然训练者要有能保证顺利完成必要动作的柔韧素质储备，也就是说，其所发展的柔韧素质水平应该稍微超过完成动作时的最大限度。

（二）训练柔韧素质要兼顾身体各个相互联系的部位

在柔韧素质训练中，一些动作的柔韧素质不仅表现在一个关节或一个身体部位，还同时涉及身体几个相互关联的部位。特别是连续的动作技法，身体多个部位参与运动。因此，人们训练身体的柔韧素质时，应对身体的多个部位进行训练。如果身体某个关节部位的柔韧素质稍差，那么可通过其他部位的有效训练进行补偿，如此可以使身体各部位协调发展，从而符合相应训练的要求。

（三）循序渐进地坚持经常训练

因为肌肉、韧带等的拉长不是一天两天就能产生效果的，所以训练者应随练习的进行逐步地提高难度。特别是在拉长肌肉时会出现疼痛的现象，因此训练者在练习时应具体分析，不能急于求成。柔韧素质提高的速度虽然较快，但是停止练习后，肌肉、肌腱、韧带已获得的柔韧伸展能力消退得也较快。因此，训练者要坚持进行柔韧素质训练。

（四）进行柔韧素质训练之前做好充分的准备活动

身体肌肉伸展性与肌肉的温度有关，训练者通过准备活动练习，可以使体温升高，神经传导速度加快，肌肉黏滞性降低，肌肉韧带伸展性加大，有利于柔韧素质的提高。同时，准备活动还可以减少肌肉疼痛和防止关节损伤。

（五）柔韧素质训练要结合其他素质训练和协调性练习

全身素质的训练和发展相互之间会有转移的现象，运动器官的生长发育同样会影响各种身体素质的发展。因此，柔韧素质训练必须与发展身体其他素质的训练、协调性练习相结合，使身体各种素质相互促进、平衡协调地发展。[①]

（六）柔韧素质训练要注意自身条件和外界情况的影响

外界的温度、一天中安排训练的时间和身体疲劳情况，对柔韧素质的影响是不同的。气温太低时，就要先做些准备活动使肌体温度升高，再进行柔韧素质训练。身体疲劳时，就应减少柔韧素质训练的时间。总之，训练者要根据自身条件和外界情况合理安排训练。

（七）控制拉伸力度

训练者在进行柔韧素质训练前必须做热身运动，这样能减少肌肉的黏滞性；在拉伸肌肉的过程中，不宜用力过猛、急于求成，进行肌肉拉伸时若产生紧绷感或有较强的疼痛感，应停止练习。特别是进行被动拉伸时，施力者要循序渐进地用力，并及时观察训练者的反应，以便合理地增力或减力，促进训练者柔韧素质的发展。

（八）结合放松练习

每个伸展动作练完后，应做相反方向的动作练习，这有助于肌群的放松和恢复。例如，在压腿之后做几次屈膝练习，在体前屈练习之后做若干次挺腹与挺胯动作等。

三、柔韧素质训练的基本方法

（一）柔韧素质训练的总体方法

拉伸法是发展柔韧素质的主要方法，分为动力性和静力性两种，其形式又有主动和被动两种。

1. 主动或被动的静力拉伸法

主动或被动的静力拉伸法，是指缓慢地将肌肉、肌腱、韧带等软组织拉长（拉伸到一定酸、胀、痛的感觉位置），然后保持静止不动，使这些软组织受到拉长的持续刺激。这种方法可减少或消除超过关节伸展能力的危险性，防止肌肉拉伤。一般要求在酸、胀、痛的位置停留 10 秒左右，连续重复 8 ～ 12 次，完成 2 ～ 3 组。

① 赵文姜．体育教学与体能训练 [M]. 长春：吉林出版集团股份有限公司，2023.

2. 主动或被动的动力性拉伸法

主动或被动的动力性拉伸法，是指有节奏、速度较快、幅度逐渐加大的重复一个动作的拉伸方法。其中，主动的动力性拉伸法是靠自己的力量拉伸，被动的动力性拉伸方法是靠同伴的帮助或负重等借助外力的拉伸，但外力应与人体被拉伸部位的伸展能力相适应。

进行主动或被动的动力性拉伸练习时，用力不能过猛，幅度一定要由小到大，避免肌肉拉伤。每个练习重复做 5 ~ 10 次。

综上所述，训练者进行柔韧素质训练时，要掌握好强度、重复次数、组数和间歇时间等。具体应注意以下几点：①逐渐加大用力强度，以训练者自我感觉到疼痛为止。②动作幅度以尽量拉长韧带和肌肉组织为目标。③动作速度应快慢结合，以快为主。④练习的间歇时间应根据个体的主观感觉来确定。⑤练习的次数和组数应根据体能训练的不同阶段和不同部位而有所不同。

（二）柔韧素质训练的具体方法

1. 颈部柔韧素质训练方法

（1）前拉头

训练者站立或坐立，双手在头后交叉。呼气，向胸部方向拉头部，下颌接触胸部。要求双肩下压，训练时，动作幅度应尽可能大，保持 10 秒左右结束该动作。

（2）后拉头

训练者站立或坐立，小心地向后仰头，把双手放在前额，缓慢后拉颈部。要求动作轻缓，保持 10 秒左右结束该动作。

（3）侧拉头

训练者站立或坐立，左臂在背后屈肘，右臂从背后抓住左臂肘关节。将左臂肘关节向右拉过身体中线。呼气，将右耳贴到右肩上。训练时，动作幅度应尽可能大，保持 10 秒左右结束该动作。

（4）持哑铃颈拉伸

训练者双脚并拢站立，右手持哑铃使肩部尽量下沉。左手经过头顶扶在头右侧。呼气，左手向左侧拉伸头部，使头左侧贴在左肩上。改变方向，重复练习。要求动作缓慢进行，保持 10 秒左右结束该动作。

（5）团身颈拉伸

训练者身体由仰卧姿势开始举腿团身，头后部和肩部支撑体重，双手膝后抱腿。呼气，向胸部拉大腿，双膝和小腿前部接触地面。重复练习，保持 10 秒左右结束该动作。

2. 肩部和背部柔韧素质训练

（1）单臂开门拉肩

在一扇打开的门框内，训练者双脚前后开立，拉伸臂肘关节外展到肩的高度。拉伸臂前臂向上，掌心对墙。呼气，上体向对侧转动拉伸肩部，重复练习。训练时，动作幅度应尽可能大，保持 10 秒左右结束该动作。

（2）向后拉肩

训练者站立或坐立，在背后双手合掌，手指向下，吸气，转动手腕使手指向上。吸气，向上移动双手至最大限度，并后拉肘部，重复练习。训练时，动作幅度应尽可能大，保持 10 秒左右结束该动作。

（3）助力顶肩

训练者跪立，双臂上举，双手在同伴颈后交叉。同伴手扶在髋部与训练者肩胛接触，双脚左右开立站在训练者身后。身体后仰，用髋部向前上顶训练者肩胛部位，重复练习。训练时，动作幅度应尽可能大，保持 10 秒左右结束该动作。

（4）背向压肩

训练者背对墙站立，向后抬起双臂，与肩同高直臂扶墙，手指向上。呼气，屈膝降低肩部高度，重复练习。训练时，动作幅度应尽可能大，保持 10 秒左右结束该动作。

（5）握棍直臂绕肩

训练者双腿并拢站立，双手握一木棍或毛巾在髋前部。吸气，直臂从髋前部经头上绕到髋后部。再经原路线绕回，重复练习。要求速度不宜过快，双臂始终保持伸直，保持 10 秒左右结束该动作。

（6）站立伸背

训练者双脚并拢站立，上体前倾至与地面接近平行姿势，双手扶在栏杆上，略高于头。四肢保持伸直，屈髋。呼气，双手抓住栏杆下压上体，使背部下凹形成背弓。训练时，动作幅度应尽可能大，保持 10 秒左右结束该动作。

（7）坐立拉背

训练者坐立，双膝微屈，躯干贴在大腿上部，双手抱腿，肘关节在膝关节下面。呼气，上体前倾，双臂从大腿上向前拉背，双脚保持与地面接触。训练时，动作幅度应尽可能大，保持 10 秒左右结束该动作。

3. 臂部和腕部柔韧素质训练

（1）上臂颈后拉

训练者站立或坐立，左臂屈肘上举至头后，左肘关节在头侧，左手下垂至肩胛处。右臂屈肘上举，右手在头后部抓住左臂肘关节。呼气，在头后部向右拉左臂肘关节，换臂重复练习。训练时，动作幅度应尽可能大，保持 10 秒左右结束该动作。

（2）背后拉毛巾

训练者站立或坐立，一只臂肘关节在头侧，另一只臂肘关节在腰背部。吸气，双手握一条毛巾逐渐互相靠近，换臂重复练习。训练时，动作幅度应尽可能大，保持 10s 左右结束该动作。

（3）压腕

训练者站立，双臂胸前屈肘，左手的手掌根部顶在右手的四指末端。用左手的手掌根部用力压右手的四指末端，换手重复练习。训练时，动作幅度应尽可能大，保持 10 秒左右结束该动作。

（4）跪撑正压腕

训练者双膝和双臂直臂撑地，双手间距约与肩同宽，手指向前。呼气，身体重心前移。恢复开始的姿势并重复练习。训练时，动作幅度应尽可能大，保持 10 秒左右结束该动作。

（5）跪撑反压腕

训练者双膝和双臂直臂撑地，双手间距约与肩同宽，手指向后。呼气，身体重心后移。恢复开始的姿势并重复练习。训练时，动作幅度应尽可能大，保持 10 秒左右结束该动作。

（6）跪撑侧压腕

训练者双膝和双臂直臂撑地，双手腕部靠拢，手指指向体侧。呼气，身体重心缓慢前后移动，重复练习。训练时，动作幅度应尽可能大，保持 10 秒左右结束该动作。

4. 腰部柔韧素质训练

（1）俯卧转腰

训练者俯卧在台子上，躯干上部伸出台子边缘之外悬空，颈后肩上扛一根木棍。双臂体侧展开固定木棍。呼气，尽量大幅度转动躯干，向不同方向重复练习该动作。该动作结束后应保持数秒，然后再回转躯干。

（2）仰卧团身

训练者在垫上仰卧、屈膝，双脚滑向臀部。双手扶在膝关节下部。呼气，双手向胸部和肩部牵拉双膝，并提起髋部离开垫子，重复练习。训练时，动作幅度应尽可能大，保持 10 秒左右结束该动作。同时注意伸展膝部并保持放松。

（3）站立体侧屈

训练者双脚左右开立，双手交叉举过头顶向上伸臂。呼气，一侧耳朵贴在肩上，身体侧屈至最大限度。向身体另一侧重复练习。训练时，动作幅度应尽可能大，保持 10 秒左右结束该动作。

（4）倒立屈髋

训练者身体呈仰卧姿势，开始呈垂直倒立，头后部、肩部和上臂支撑体重，双手扶腰。呼气，双腿并拢，直膝，缓慢降低双脚高度直至接触地面。重复练习，保持 10 秒左右结束该动作。

5. 腹部和胸部柔韧素质训练

（1）俯卧背弓

训练者俯卧在垫上，屈膝，脚跟向髋部移动。吸气，双手抓住踝部。臀部肌肉收缩，提起胸部和双膝离开垫子，重复练习。训练时，动作幅度应尽可能大，保持 10 秒左右结束该动作。

（2）跪立背弓

训练者在垫上跪立，脚尖向后。双手扶在臀上部，形成背弓，臀部肌肉收缩送髋。呼气，加大背弓，头后仰，张口，逐渐把双手滑向脚跟，重复练习。训练时，动作幅度应尽可能大，保持 10 秒左右结束该动作。

（3）上体俯卧撑起

训练者俯卧。双手掌心向下，手指向前放在髋两侧。呼气，用双臂撑起上体，头后仰，形成背弓，重复练习。训练时，动作幅度应尽可能大，保持 10 秒左右结束该动作。

（4）开门拉胸

在打开的门框内，训练者双脚前后开立，双臂肘关节外展到肩的高度。双臂前臂向上，掌心对墙。呼气，身体前倾拉伸胸部，重复练习。训练时，动作幅度应尽可能大，保持 10 秒左右结束该动作。也可以将双臂继续提高，拉伸胸下部。

（5）跪拉胸

训练者跪在地面，身体前倾，双臂前臂交叉高于头部放在台子上。呼气，下沉头部和胸部，一直到接触地面，重复练习。训练时，动作幅度应尽可能大，保持 10 秒左右结束该动作。

6. 髋部和臀部柔韧素质训练

（1）弓箭步压髋

训练者弓箭步站立，前腿膝关节成 90°，后腿脚背触地，脚尖向后。双手叉腰，屈膝降低重心，后腿的膝触地。呼气，下压后腿髋部，换腿重复练习。训练时，动作幅度应尽可能大，保持 10 秒左右结束该动作。

（2）身体扭转侧屈

训练者直立，左腿伸展、内收，在右腿前尽量与其交叉。呼气，躯干向右侧屈，双手力图接触左脚跟，身体两侧轮换练习。训练时，动作幅度应尽可能大，保持 10 秒左右结束该动作。

（3）仰卧髋臀拉伸

训练者平卧在台子边缘，从台子上移下外侧腿悬垂。吸气，台子上的内侧腿屈膝，用双手抱膝缓慢拉向胸部。训练时，动作幅度应尽可能大，保持 10 秒左右结束该动作。

（4）坐立反向转体

训练者坐在地面，双腿体前伸展，双手在髋后部地面支撑。一条腿与另一条腿交叉，屈膝使脚跟向臀部方向滑动。呼气，转体，头转向身体后方继续转体，使身体对侧的肘关节顶在屈膝腿的外侧，并缓慢推动屈膝腿。训练时，动作幅度应尽可能大，保持 10 秒左右结束该动作。

（5）仰卧交叉腿屈髋

训练者仰卧，左腿在右腿上交叉，双手交叉在头后部。呼气，右腿屈膝，并提起右脚离地，缓慢向头部方向推动左腿，双腿交替，要求保持头、双肩和背部接触地面。训练时，动作幅度应尽可能大，保持 10 秒左右结束该动作。

参考文献

[1] 常德庆，姜书慧，张磊．高校体育教学与运动训练研究 [M]. 长春：吉林出版集团股份有限公司，2020.
[2] 邓卫权，蔡科，巫文辉．大学体育健康与实践教程 [M]. 南昌：江西人民出版社，2020.
[3] 丁霞．大学生体育锻炼与户外运动 [M]. 长春：吉林人民出版社，2021.
[4] 冯婷．体育运动与训练研究 [M]. 北京：九州出版社，2018.
[5] 高振峰．体育运动训练理论与方法研究 [M]. 哈尔滨：北方文艺出版社，2023.
[6] 胡锐，张华，邓雁方．新时代大学体育与健康教程 [M]. 上海：上海交通大学出版社，2022.
[7] 黄果．现代体育教学创新与科学运动训练探究 [M]. 北京：中国原子能出版社，2022.
[8] 黄武胜．体育训练与运动心理学研究 [M]. 北京：中国商务出版社，2019.
[9] 贾明涛，刘凯，李翎．新编大学体育与健康 [M]. 重庆：重庆大学出版社，2020.
[10] 李兴昌．体育运动科学理论探索 [M]. 长春：吉林美术出版社，2020.
[11] 刘海荣，冯强明，胡晶．新时代高校体育与健康教程 [M]. 天津：天津大学出版社，2022.
[12] 刘建．体育运动与科学训练 [M]. 长春：吉林出版集团股份有限公司，2022.
[13] 刘满．现代高校体育健康教学理论与发展新探 [M]. 北京：北京工业大学出版社，2021.
[14] 刘明星．体育教学与健康教育研究 [M]. 长春：吉林出版集团股份有限公司，2019.
[15] 卢永雪，刘通，龙正印．体育教学技能训练 [M]. 成都：电子科技大学出版社，2019.
[16] 马超．高校体育教学与训练研究 [M]. 长春：吉林出版集团股份有限公司，2022.
[17] 邱吉儿．体育教学创新与健康锻炼探究 [M]. 长春：吉林科学技术出版社，2023.
[18] 邱建华，杜国如．体育与健康教学研究 [M]. 南昌：江西科学技术出版社，2019.
[19] 沈建敏．体育教学创新与运动训练研究 [M]. 北京：新华出版社，2018.
[20] 唐进松，陈芳芳，薛良磊．现代体育运动训练理论与方法探索 [M]. 北京：中国商务出版社，2019.
[21] 万淑娥．体育训练与教学实践 [M]. 北京：北京工业大学出版社，2023.
[22] 王体刚，王晓勇，魏志成．大学体育与运动训练方法研究 [M]. 北京：现代出版社，2023.
[23] 韦勇兵，申云霞，汤先军．体育教学与运动技能分析 [M]. 长春：吉林人民出版社，2019.
[24] 谢宾，王新光，时春梅．高校体育教学与运动训练研究 [M]. 长春：吉林人民出版社，2021.
[25] 张军，陈凤超，杨帆．体育与健康 [M]. 成都：电子科技大学出版社，2019.
[26] 张丽梅．体育教育的多维研究与训练 [M]. 北京：中国纺织出版社，2019.
[27] 张萍．现代高校体育教学与运动训练研究 [M]. 哈尔滨：哈尔滨出版社，2023.

[28] 赵文姜 . 体育教学与体能训练 [M]. 长春：吉林出版集团股份有限公司，2023.
[29] 郑焕然 . 大学体育文化与运动教程 [M]. 北京：北京理工大学出版社，2020.
[30] 钟贞奇 . 大学生体育健康与体育运动 [M]. 长春：吉林人民出版社，2021.
[31] 周维纯 . 中学体育教学与创新研究 [M]. 长春：吉林人民出版社，2021.
[32] 朱晓菱，倪伟 . 体育健康与实践 [M]. 上海：上海大学出版社，2021.
[33] 孙晓川 . 青少年体能训练计划及其对体质健康的促进路径 [J]. 拳击与格斗，2020（12）：90–91.
[34] 杨武荣 . 功能性训练在中学体育教学中的应用效果浅析 [J]. 运动 – 休闲：大众体育，2022（11）：55–57.
[35] 赵子宽．高校运动训练和体育教学的发展趋势 [J]. 运动 – 休闲：大众体育，2023（2）：3.
[36] 祝林 . 体育运动训练有效性的提升探究 [J]. 文体用品与科技，2021（12）：39–40.